100마리 고양이

글 그림 이세문

이세문

무언가 만드는 걸 좋아해요.
http://yisemoon.com

100마리 고양이

글 그림 이세문

이야기나무

목차

프롤로그 —— 001. 홍차 홍차 고양이 —— 002. 바다 고양이 —— 003. 해안도로를 달리는 고양이 —— 004. 고양이 세계 오른쪽 나라의 왕 —— 005. 마술사 고양이 —— 006. 요리사 고양이 —— 007. 바이올리니스트 고양이 —— 008. 공부벌레 고양이 —— 009. 등산가 고양이 —— 010. 어린이 고양이 —— 011. 초능력을 지닌 슈퍼 히어로 고양이 —— 012. 스파이 고양이 —— 013. 소설가 고양이 —— 014. 라면을 좋아하는 고양이 —— 015. 명탐정 고양이 —— 016. 우주 고양이 —— 017. 기타리스트 고양이 —— 018. 조선 시대에 사는 도령 고양이 —— 019. 컵케이크 가게 고양이 —— 020. 야구선수 고양이 —— 021. 알라딘 고양이 —— 022. 기사 고양이 —— 023. 영화감독 고양이 —— 024. 헌책방 고양이 —— 025. 탐험가 고양이 —— 026. 아기 고양이들을 돌보는 고양이 —— 027. 장난감 병정 고양이 —— 028. 마법사 고양이 —— 029. 과학자 고양이 —— 030. 고양이 왕자 —— 031. 온천 고양이 —— 032. 정원사 고양이 —— 033. 미식가 고양이 —— 034. 조선 시대에 사는 아씨 고양이 —— 035. 노래하는 고양이 —— 036. 무술가 고양이 —— 037. 파일럿 고양이 —— 038. 의사 고양이 —— 039. 보물 수집가 고양이 —— 040. 시계를 만드는 고양이 —— 041. 농구선수 고양이 —— 042. 점술가 고양이 —— 043. 화가 고양이 —— 044. 천문학자 고양이 —— 045. 천사 고양이 —— 046. 우주탐험가 고양이 —— 047. 영화배우 고양이 —— 048. 옛 시대의 유럽 고양이 —— 049. 거울 고양이 —— 050. 로봇 과학자 고양이 —— 051. 초보 마녀 고양이 —— 052. 큐피트 고양이 —— 053. 집사 고양이 —— 054. 기자 고양이 —— 055. 여행자 고양이 —— 056. 초콜릿 고양이 —— 057. 드워프 고양이 —— 058. 궁수 고양이 —— 059. 정복자 고양이 —— 060. 조선시대에 사는 또 다른 고양이 —— 061. 서커스 고양이 —— 062. 병아리 감별사 고양이 —— 063. 바리스타 고양이 —— 064. 추운 곳에 사는 고양이 —— 065. 통조림을 만드는 고양이 —— 066. 감옥을 경험하는 고양이 —— 067. 페인트를 칠하는 고양이 —— 068. 빨간 모자 고양이 —— 069. 낚시꾼 고양이 —— 070. 자객 고양이 —— 071. 슈퍼 히어로 고양이맨 —— 072. 보물섬 고양이 —— 073. 산타 고양이 —— 074. 주술사 고양이 —— 075. 소방관 고양이 —— 076. 성냥팔이 고양이 —— 077. 체스 챔피언 고양이 —— 078. 푸드트럭 셰프 고양이 —— 079. 수리공 고양이 —— 080. 카우보이 고양이 —— 081. 양들과 함께 사는 고양이 —— 082. 딸기 농부 고양이 —— 083. 래퍼 고양이 —— 084. 요술공주 고양이 —— 085. 해커 고양이 —— 086. 유치원생 고양이 —— 087. 유목민 고양이 —— 088. 요람에 누워 있는 고양이 —— 089. 졸업식 —— 090. 고대 이집트 시대 고양이 —— 091. 전사 고양이 —— 092. 헤어드레서 고양이 —— 093. 영화 마니아 고양이 —— 094. 산신령 고양이 —— 095. 피아니스트 고양이 —— 096. 요리 평론가 고양이 —— 097. 추리소설가 고양이 —— 098. 경찰관 고양이 —— 099. 곰인형을 만드는 고양이 —— 100. 겨울의 여왕 고양이 —— 에필로그

고양이 세계에 살고 있는

고양이들의 이야기를 들어보세요.

001
홍차 홍차 고양이
Black tea black tea cat

안녕, 인간. 나는 고양이 세계에 살고 있는
홍차 홍차 고양이라고 해! 매일 거르지
않고 정해진 시간마다 최소한 3번 이상 홍차를
마셔야 할 정도로 홍차를 무척 좋아해. 이제부터
홍차를 마실 때마다 나를 떠올릴 수 있기를 바래.

고양이 세계의 고양이들을 궁금해하는 인간들을 위해 우리의 이야기를 편지로 써보기로 했어. 앞으로 나를 포함한 100마리의 고양이들로부터 편지를 받게 될 거야.

고양이 세계에 살고 있는 고양이들은 모두 최소한 한 번 이상 인간 세계에 살아 본 경험이 있어. 인간 세계를 좋아해서 여러 번 방문하는 고양이들도 있지만, 그들도 결국은 고양이 세계로 돌아오지. 고양이 세계에 대한 이야기는 앞으로 많이 듣게 될 거야. 기대해도 좋아.

아무튼, 나를 소개하자면 나는 고양이 세계에 살고 있는 홍차 홍차 고양이라고 해! 매일 거르지 않고 정해진 시간마다 최소한 3번 이상 홍차를 마셔야 할 정도로 홍차를 무척 좋아해서 나를 홍차 고양이라고 소개해 보았어. 그리고 홍차를 정말로 정말로 좋아해서 홍차라는 단어를 두 번 써 보았어. 이제부터 홍차를 마실 때마다 홍차라는 단어를 만날 때마다 나를 떠올릴 수 있기를 바래.

잊지 마! 나는 홍차 홍차 고양이야!

그럼 내가 좋아하는 홍차에 관해서 이야기를 해 볼까? 고양이 세계의 홍차는 다른 어떤 세계의 홍차보다 훌륭해. 다른 세계의 홍차는 마셔본 적이 없지만 고양이 세계의 홍차는 정말로 특별해.

종류도 무척이나 많은데 어떤 홍차는 좋은 추억들을 떠올릴 수 있게 해 주고, 어떤 홍차는 얄미운 고양이를 용서하게 해 주고, 또 어떤 홍차는 함께 살았던 인간의 꿈속으로 놀러 갈 수 있게 해 주기도 해. 한 번이라도 그 맛을 본다면, 내 생각에 완전히 동의하게 될 거야. 고양이 세계의 홍차는 정말로 특별해.

언젠가 고양이 세계에 방문하게 되면 우리 집에 꼭 한번 들러줘.
홍차 한잔 대접할게.

그럼 안녕!

002
바다 고양이
Sailor cat

안녕, 인간. 나는 바다 고양이야.
큰 배를 타고 고양이 세계 곳곳을 항해하고 있어.
고양이 세계에는 배를 타고 여행하는 고양이들이
무척 많고, 먼 곳으로 배달해야 하는 물건들도
보통은 배로 운반해.

며칠 전에 '홍차 홍차 고양이'로부터 연락을 받았어. 인간 세계의 인간들이 우리에 대해서 궁금해한다지? 고양이 세계에 대한 건 어떻게 알게 된 거야? 아무튼, 나도 예전에 함께 살았던 나의 인간들이 생각나서 이 일에 동참하기로 했어. 이 편지가 나의 인간들에게도 닿기를 바래.

나는 바다 고양이야. 큰 배를 타고 고양이 세계 곳곳을 항해하고 있어. 고양이 세계에는 배를 타고 여행하는 고양이들이 무척 많고, 먼 곳으로 배달해야 하는 물건들도 보통은 배로 운반해. 그래서 뱃일을 하는 고양이들이 제법 많지. 나도 일 년에 절반 정도는 이렇게 바다 위에서 살아. 고양이 세계의 시간은 인간 세계의 그것과는 다르지만 인간의 언어로 설명하기 위해서 일 년이라고 표현한 거야. 아무튼, 항해 중에는 꽤 여유로운 편이어서 햇살이 좋은 날이면 갑판에 나와 푸른 바다를 바라보며 이런저런 생각에 잠기곤 해.

나는 섬에서 태어나서 인간 세계에 가기 전까지 쭉 그 섬에서만 살았거든. 그래서 바다에는 어린 시절의 추억이 깃들어 있어. 우리 마을에는 한 달에 두 번씩 들어오는 큰 배가 있었는데 그 배의 선장님을 지금도 잊을 수가 없어.

선장님은 고양이 세계 곳곳을 돌아다니며 수집해온 신기한 물건들을 어린 고양이들에게 선물해 주곤 했지. 그래서 배가 들어오는 날이면 친구들과 함께 바닷가에 나가 온종일 배를 기다렸어. 그 선장님은 하얗고 긴 수염과 풍성하고 윤기 있는 털을 가진 키가 아주 큰 검은 고양이였는데 어린 마음에 그 모습이 너무 멋져 보여서 나도 크면 꼭 검은 고양이가 되겠다고 결심했었지. 비록 검은 고양이가 되는 데는 실패했지만, 바다 고양이가 되었어.

그렇지만 배를 계속 타지는 않을 것 같아. 고양이는 본능적으로 즐거움을 따라가면서 사는데, 요즘은 즐거운 일이 점점 줄어들고 있어서 말이야. 바다를 좋아해서 배를 타기 시작했는데 너무 자주 타다 보니 예전만큼 좋지도 않고 즐겁지도 않아. 나를 깨어 있게 하는 즐거움을 찾아봐야겠어!

그러고 보니 인간 세계의 인간들은 모든 걸 다 아는 것처럼 행동하지만 즐거움에 대해서는 잘 모르는 것 같아. 고양이를 본받도록 해.

그럼 안녕!

003
해안도로를 달리는 고양이
Driver cat

안녕! 나는 차를 사랑하고 드라이브를
무척 좋아하는 고양이야. 오늘도
해안도로를 시원하게 달리고 왔어.
푸른 하늘, 따뜻한 햇살, 시원한 바람.
오픈카를 타고 달리는 맛은 정말 일품이야!

인간 세계의 인간들이여! 나는 차를 사랑하고 드라이브를 무척 좋아하는 고양이야. 오늘도 해안도로를 시원하게 달리고 왔어. 푸른 하늘, 따뜻한 햇살, 시원한 바람. 오늘 같은 날에는 오픈카를 타고 달리는 맛이 아주 일품이야!

고양이 세계에도 차가 있다는 사실이 놀랍다고? 나는 인간 세계의 차들이 모두 땅 위에서만 달리는 것을 보고 놀랐는데! 고양이 세계의 차들은 자동운전은 기본이고, 날개 없이도 하늘을 날 수 있다고.

내가 처음으로 인간 세계의 차를 탔던 날, 도로를 가득 메운 차들을 보고 너무 놀라서 나의 인간에게 고양이 세계의 차에 대해 이야기해 준 적이 있어. 그렇지만 나의 인간은 내 말을 전혀 이해하지 못했지. 인간들은 어째서 고양이의 언어를 이해하지 못하는 거야? 고양이들은 인간의 언어를 완벽히 알아듣는데 말이야. 그저 귀찮아서 반응하지 않는 것뿐이지.

아무튼, 나는 내일도 내 오픈카와 함께 해안도로를 달릴 거야. 고양이 세계의 봄은 정말 아름답거든. 여름도 가을도 겨울도 좋은 계절이지만 인간 세계에 다녀온 후로는 왠지 봄이 제일 좋아. 가끔은 일 년 내내 봄이었으면 좋겠다는 생각도 해.

인간 세계에 머물고 있는 고양이들도 모두 잘 지내고 있겠지?
그들에게 우리의 안부도 좀 전해 줘.

그럼 안녕!

004
고양이 세계 오른쪽 나라의 왕
Cat king of the right side

안녕, 나는 고양이 세계 '오른쪽 나라'의 왕이야.
고양이 세계의 왕이 하는 일이 궁금하지 않아?
나는 고양이 세계의 오른쪽 나라 고양이들이 가장
고양이다운 모습으로 살 수 있도록
돕는 일을 해.

나는 고양이 세계 '오른쪽 나라'의 왕이야. 인간들에게 편지를 쓰려고 보니 인간 세계에 머물던 시절의 이야기를 하지 않을 수 없네.

맨 처음 인간 세계에 갔을 때는 따뜻하고 넓은 집에서 평생을 편하게만 살았어. 착한 인간들과 평화로운 시간을 보내고 좋은 추억도 많이 만들었어. 나의 인간들에게 내가 가진 모든 것을 충분히 나누어 주었다고 느꼈을 때 고양이 세계로 돌아와야겠다고 마음먹었고, 내가 떠나오던 날 나의 인간들은 무척이나 슬퍼했어. 그렇지만 나는 알고 있었어. 나의 인간들이 슬픔을 딛고 다시 일어나 지구에 머무는 또 다른 생명에게 더 큰 사랑을 나누어 주며 살 거라는 것을. 내가 떠나온 뒤로 나의 인간들은 어려움에 처한 고양이 다섯 마리를 더 데려왔어. 지극정성으로 보살핀 덕분에 그 다섯 고양이 모두 건강을 되찾았고, 인간 세계에 오래도록 머물며 좋은 기억을 많이 만들 수 있었지. 참 좋은 인간들이었어.

두 번째로 인간 세계에 갔을 때는 어려움이 참 많았어. 첫 번째 경험과는 다른 삶을 원해서 선택한 삶이었지만 달라도 너무나 달랐지. 두 번째 나의 인간들은 좋은 인간들이 아니었고, 결국 내가 가진 것들을 다 나누어 주지 못하고 떠나올 수밖에 없었어. 나누고 싶은 것이 아직 많이 남아 있었는데 정말 안타까워.

그나저나 고양이 세계의 왕이 하는 일이 궁금하지 않아? 사실 고양이 세계는 정치나 통치 같은 것이 필요한 곳이 아니야. 인간 세계에 사는 고양이들은 종종 다투기도 하고 알 수 없는 감정의 소용돌이 속에서 괴로워하기도 하지만 그것은 인간 세계에서 살아남기 위해 발현된 본능일 뿐, 고양이다운 모습이라 할 수는 없어.

나는 고양이 세계의 오른쪽 나라 고양이들이 가장 고양이다운 모습으로 살 수 있도록 돕는 일을 해. 특히 인간 세계에서 이제 막 돌아온 고양이들이 하루빨리 고양이 세계의 고양이다운 모습을 되찾을 수 있도록 돕는 일은 내가 하는 일 중에서 가장 중요한 일이야. 가진 것을 다 나누어 주지 못하고 계획했던 것보다 일찍 돌아와야 했던 고양이들은 더 많은 도움이 필요해.

모든 고양이가 인간 세계에서 인간들과 함께 특별한 경험을 쌓으며 원하는 만큼 충분히 머물다 올 수 있으면 좋겠어.

그럼 안녕.

005
마술사 고양이
Magician cat

안녕, 나는 마술사 고양이야.
나도 인간 세계의 인간 마술사들처럼 고양이
세계에서 마술쇼를 하고 있어. 인간 세계에
머물던 시절에 마술쇼를 보고 너무너무 신기해서
그때부터 인간 세계의 마술을 배우기 시작했어.

나는 마술사 고양이야.

나도 인간 세계의 인간 마술사들처럼 고양이 세계에서 마술쇼를 하고 있어. 사실 고양이 세계에서만 살았을 때는 마술이라는 걸 몰랐어. 인간 세계에 머물던 시절에 TV에서 마술쇼를 처음 보고 너무너무 신기해서 그때부터 인간 세계의 마술을 배우기 시작한 거야. 그리고 고양이 세계로 돌아와 나만의 마술을 개발하고 마술쇼도 만들었지! 나는 고양이 세계 최초의 마술사야!

인간 세계의 마술사들처럼 '위험천만한 마술쇼' 같은 것을 하지는 않지만 고양이 세계의 고양이들을 깜짝 놀라게 할 만한 나만의 비장의 무기 같은 마술들이 있지.

나의 주특기를 소개하자면 작은 모자에서 아기 고양이 스무 마리 꺼내기, 100장의 카드 뒷면을 단 1초 만에 모두 고양이 그림으로 바꾸기, 하늘에

떠 있는 뭉게구름들을 모두 고양이 모양으로 바꾸기, 다른 고양이들의 생각 읽기, 하얀 고양이를 줄무늬 고양이로 변신시키기 등등이 있어.

인간 세계의 인간들도 나의 마술을 볼 수 있다면 참 좋을 텐데….
혹시 고양이 세계에 올 일이 생기면 내 마술쇼도 꼭 보러 와!

그럼 안녕.

006
요리사 고양이
Chef cat

안녕, 나는 요리사 고양이야! 고양이 세계
왼쪽 나라 동그란 도시에서 열흘에 한 번만
오픈하는 작은 식당을 운영하고 있어.
식당을 열지 않는 날에는 더 맛있는 요리를
만들기 위한 연구를 하지.

나는 요리사 고양이야!

고양이 세계 왼쪽 나라 동그란 도시에서 열흘에 한 번만 오픈하는 작은 식당을 운영하고 있어. 식당을 열지 않는 날에는 더 맛있는 요리를 만들기 위한 연구를 하지.

얼마 전부터는 새로운 수프 요리에 도전하고 있는데 마음속에 그렸던 그 맛이 잘 안 나…. 어떤 재료가 빠진 건지 도무지 알 수가 없어. 한 가지만 찾아내면 그 맛을 낼 수 있을 것만 같은데. 어떻게 하면 그 맛을 만들어낼 수 있을까? 거대한 고양이의 혓바닥으로 온몸을 그루밍 받는 것 같은 맛. 포근한 담요로 몸을 돌돌 말고서 두껍고 폭신한 솜이불이 겹겹이 쌓인 침대 위로 풍덩 뛰어드는 것 같은 맛!

아무튼, 이 일은 나에게 가장 즐거운 일이야. 하루 24시간이 모자랄 정도라니까. 잠을 잘 때도 언제나 요리하는 꿈만 꿔.

이런, 안 되겠어. 다시 주방에 나가봐야겠어.
오늘은 반드시 수프 맛의 수수께끼를 풀고 말 거야!

안녕!

007
바이올리니스트 고양이
Violinist cat

안녕, 나는 바이올린을 연주하는 고양이야.
내가 바이올린을 연주한다면 얼마나
잘할 수 있을지 궁금해서 바이올린 연주자의
삶을 살기 시작했어. 지금까지 200년을 하루도
빠짐없이 연습에 몰두하고 있어.

나는 바이올린을 연주하는 고양이야.

아주 먼 옛날 인간 세계에 머물렀던 한 고양이가 그곳에서 바이올린을 처음 접하고 고양이 세계로 돌아와 바이올린을 만들기 시작했어. 덕분에 지금은 고양이 세계에서도 어렵지 않게 접할 수 있는 악기가 되었지.

그거 알아? 인간 세계의 악기 대부분은 고양이 세계에도 있어. 그리고 인간들은 자기들이 만들었다고 알고 있지만, 사실은 고양이 세계로부터 전해진 악기들도 아주 많아. 이 외에도 고양이 세계엔 인간 세계에서는 볼 수 없는 신기한 것들이 정말 많은데 언젠가 소개할 기회가 생긴다면 좋겠어.

내가 인간 세계에 머물 때 나와 함께 살았던 나의 인간도 바이올린을 연주하던 음악가였어. 인간 세계에서 꽤 이름을 날렸지. 그는 엄청난 연습벌레여서 나는 그의 연주를 시도 때도 없이 들어야만 했는데 사실 내 귀에는 그다지 아름답게 들리진 않았어. 못 들어줄 정도는 아니었지만, 만약 내가 연주한다면 훨씬 더 좋은 소리를 낼 수 있을 거라고 생각했지.

그래도 나의 인간이 바이올린을 연주할 때면 멀지 않은 곳에 자리 잡고 반쯤 누워서 흡족한 표정을 지어 보이곤 했어. 졸음을 참지 못하고 꾸벅꾸벅 졸았던 적도 많지만 말이야.

인간 세계에 다녀온 후 내가 바이올린을 연주한다면 얼마나 잘할 수 있을지 궁금해서 바이올린 연주자의 삶을 살기 시작했어. 지금까지 200년을 하루도 빠짐없이 연습에 몰두하고 있는데 생각했던 것보다 재미있어. 지루하지도 않고 말이야.

앗, 놀라지 마! 고양이들은 죽지 않고 영원히 살아. 고양이 세계의 고양이들에게 산다는 것은 원하는 삶을 계속해서 선택하고 끊임없이 경험해 나가는 과정이야. 이 이야기는 좀 더 자세히 설명해 줄 수 있는 고양이가 있을 거야.

그럼 안녕!

008
공부벌레 고양이
Studious cat

안녕! 나는 공부를 사랑하는 고양이야.
인간 세계에서는 나처럼 공부를 열심히
하는 인간들을 공부벌레라고 부르지?
그렇다면 나도 공부벌레야!

나는 공부를 사랑하는 고양이야. 인간 세계에서는 나처럼 공부를 열심히 하는 인간들을 공부벌레라고 부르지? 그렇다면 나도 공부벌레야!

요즘은 잠자는 시간, 밥 먹는 시간, 간식 먹는 시간, 물 마시는 시간, 화장실 가는 시간, 장난감 가지고 노는 시간, 창밖의 새를 구경하는 시간을 빼고 깨어 있는 시간에는 거의 공부만 하는 것 같아. 너무 무리하는 것이 아닐까 싶을 정도라니까.

특히 나는 수학을 좋아해! 수학 공부를 시작한 지는 그리 오래되지 않았지만 최대한 빨리 덧셈과 뺄셈을 마스터할 생각이야. 너무너무 재밌어. 열심히 하다 보면 고양이 세계에서 최고의 수학자가 될 수 있지 않을까? 일단 30년 정도는 열심히 집중해 볼 생각이야.

나는 고양이 세계의 역사에 대해서도 공부하고 있어. 고양이 세계는 인간 세계와는 비교할 수 없을 만큼 긴 역사를 지니고 있지. 고양이 세계의 고양이들은 죽지 않고 영원히 사는 데다가 우리도 고양이들이 언제부터 고양이 세계에 살기 시작한 것인지 알 수 없어서 역사의 길이를 가늠하기는 어렵지만, 인간 세계보다 훨씬 오래되었다는 것만은 미루어 짐작할 수 있지.

이런, 뺄셈 공부를 해야 할 시간이야!
고양이 세계의 역사에 대해서는 다음번에 또 이야기해 줄게.

안녕!

009
등산가 고양이
Mountain climber cat

안녕! 나는 산을 사랑하는 고양이야.
고양이 세계에서 제일 높은 산을
정복하기 위해 한창 등반 중이고, 지금은
텐트 안에서 이 편지를 쓰면서
잠시 쉬고 있어.

나는 산을 사랑하는 고양이야. 고양이 세계에서 제일 높은 산을 정복하기 위해 한창 등반 중이고, 지금은 텐트 안에서 이 편지를 쓰면서 잠시 쉬고 있어.

인간 세계의 인간들이 고양이 세계의 고양이들에 대해 궁금해한다는 얘기는 전해 들었어. 무슨 얘기를 써야 할지 고민해 봤는데, 역시 고양이 세계의 산에 관해서 쓰는 게 좋겠어.

고양이 세계에도 인간 세계처럼 다양한 산이 있어. 낮은 산도 있고, 높은 산도 있고, 뾰족 산도 있고, 둥근 산도 있지. 눈 덮인 하얀 산도 있고, 나무들이 가득한 초록산도 있어.

지금 나는 눈 덮인 하얀 산, 그중에서도 제일 높고 험준하기로 소문난 산에 오르는 중이야. 고양이 세계 북쪽 끝에 있는 '푸른 고양이 산맥'에서 제일 높은 봉우리야. 정상에 도착하면 내 얼굴이 그려진 커다란 깃발도 꽂고 눈 한 덩이 뭉쳐서 주머니에 넣어 와야지.

아! 고양이 세계의 눈과 얼음은 차갑지 않아. 고양이 세계의 겨울은 춥지 않거든. 겨울이 되면 인간 세계처럼 눈도 내리지만 고양이 세계의 눈은

녹지 않아. 손으로 만져보면 차가운 느낌이 들긴 하지만 그다지 차갑지 않고, 뭉쳐서 주머니에 넣어두어도 녹지 않지. 봄이 오면 점점 사라지기 시작하는데 인간 세계의 눈처럼 따뜻한 날씨 때문에 녹는 것은 아니야. 그저 사라질 뿐. 인간 세계의 언어로 어떻게 설명해야 할지 모르겠지만 고양이 세계의 겨울은 춥지 않아. 물론 추운 지방도 있지만 말이야.

이번 등반을 마치면 조금 쉬었다가 고양이 세계 남쪽 끝에 있는 '초록 고양이 산맥'의 제일 높은 봉우리에 도전해 볼 계획이야. 초록 고양이 산맥에는 신기한 식물들과 나무, 맛 좋은 나무 열매들이 무척 많다고 알려져 있는데 처음 가보는 곳이라서 정말 기대돼.

인간 세계의 산에도 언젠가 한 번 올라보고 싶어….

그럼 안녕!

010
어린이 고양이
Young cat

안녕. 나는 어린 고양이야. 내 나이가
몇 살인지는 모르겠지만 내가 어리다는 것을
느낄 수 있지. 나는 아직 인간 세계에도 다녀오지
않았으니까 인간 세계의 표현을 빌리자면,
나는 어린이 고양이야!

나는 어린 고양이야.

내 나이가 몇 살인지는 모르겠지만, 고양이 세계의 고양이로 산 지 오래 되지 않은 것만은 확실해. 내가 어리다는 것을 느낄 수 있지. 다른 고양이들에 비하면 나는 정말 정말 어린 것 같아.

나는 아직 인간 세계에도 다녀오지 않았으니까 인간 세계의 표현을 빌리자면, 나는 어린이 고양이야! 물론 인간 세계의 인간들보다는 훨씬 더 오래 살았지만 말이야.

나는 달콤한 맛이 나는 과자를 정말 좋아해. 사탕이나 초콜릿 같은 것. 빵이랑 케이크도 좋아. 아이스크림도 좋고. 공원에 나와서 이렇게 햇볕을 쬐는 것도 좋아해.

따뜻해….
사탕이 더 달콤하게 느껴져….

그럼 안녕.

011
초능력을 지닌 슈퍼 히어로 고양이
Superhero cat

안녕! 나는 고양이 세계의 평화를
지키는 슈퍼 히어로 고양이야.
우리는 언제나 변함없이 고양이 세계의
평화와 안녕을 위해 밤낮으로
힘쓰고 있어.

나는 고양이 세계의 평화를 지키는 슈퍼 히어로 고양이야.

고양이 세계는 늘 평화롭지만, 아주 가끔 외계의 적으로부터 위협받거나 예상치 못했던 위기가 찾아오기도 해. 그런 일들을 대비해서 특별한 능력을 지닌 슈퍼 히어로 고양이들이 비밀리에 활동하고 있어. 보통의 고양이들은 우리의 존재에 대해 잘 모르지만, 우리는 언제나 변함없이 고양이 세계의 평화와 안녕을 위해 밤낮으로 힘쓰고 있어.

그중에서도 나는 고양이 세계 행성이 속해 있는 고양이 은하계의 평화를 담당하고 있어. 우리 은하계에 속한 행성들이 큰 문제 없이 평화로운 상태를 잘 유지하고 있는지 매일매일 살펴봐야 해. 고양이 은하계가 인간 세계의 은하계만큼 크지는 않지만 매일 수많은 행성들을 하나도 빠짐없이 살펴보는 일은 쉬운 일이 아니야. 나처럼 아주 빠른 속도로 하늘을 날 수 있는 능력이 없다면 불가능한 일이지. 게다가 기계의 도움을 받지 않고 우주에서 숨을 쉴 수 있는 고양이는 매우 드물다고. 하늘을 날 수 있는 슈퍼 히어로 고양이는 나 말고도 많이 있지만 말이야. 후후.

인간 세계도 늘 평화롭기를 바래.

그럼 안녕!

012
스파이 고양이
Spy cat

안녕, 나는 스파이 고양이야.
쉿! 이건 비밀이니까 아무에게도 말하면 안 돼!
인간 세계의 인간들은 모르고 있겠지만 우리는
인간 세계에서도 비밀 첩보 활동을 펼치고 있어.
이것도 비밀이니까 아무에게도 말하면 안 돼!

나는 스파이 고양이야. 쉿! 이건 비밀이니까 아무에게도 말하면 안 돼!

인간 세계의 인간들은 모르고 있겠지만 우리는 인간 세계에서도 비밀 첩보 활동을 펼치고 있어. 아무것도 모를 것 같은 아기 고양이나 아무 생각도 없는 것처럼 초점 없는 눈동자를 가진 고양이, 혹은 세상에서 제일 게을러 보이고 오로지 먹을 것에만 반응하는 비만 고양이의 모습으로 인간 세계의 정보들을 수집하곤 해. 이것도 비밀이니까 아무에게도 말하면 안 돼!

나도 한때는 인간 세계에서 활동했었지. 뚱뚱하고 게으르고 둔한 고양이를 연기하느라 무척 힘들었어. 살을 찌우고 뚱뚱한 몸매를 유지하느라 매일같이 어마어마한 양의 음식들을 먹어치워야만 했어. 덕분에 인간들의 눈을 피해 인간 세계의 고급 정보를 수집하는 일은 비교적 수월했어.

꽤 오랜 시간 동안 최첨단 기술이라 불리던 비밀 정보들을 파헤쳤는데 고양이 세계로 가져와 보니 고양이들에게는 첨단 기술이 아니었어. 한참이나 뒤떨어진 기술이었지…. 인간들이 만드는 고양이 식품 레시피를 파헤치는 편이 나을뻔했지 뭐야. 앗, 이것도 비밀이야!

이런, 안 되겠어. 이러다간 정말로 중요한 비밀들도 모두 말해버릴 것만 같아. 스파이 일을 그만두게 되면 다시 이야기할 기회가 있을 거야. 언제가 될지는 모르겠지만….

안녕!

013
소설가 고양이
Novelist cat

안녕, 나는 소설가 고양이야.
나는 아주 오래전부터 글을 써왔고,
장편소설을 일 년에 열 편 이상 쓰고 있어.
이야기를 쓰는 일은 나를 깨어 있게 해.
정말 즐거운 일이야.

나는 소설가 고양이야. 나는 아주 오래전부터 글을 써왔고, 다작하는 습관이 몸에 배어서 매일매일 단편을 하나씩 쓰고 장편소설을 일 년에 열 편 이상 쓰고 있어.

이야기를 쓰는 일은 나를 깨어 있게 해. 정말 즐거운 일이야. 지금 이 편지를 쓰고 있는 동안에도 등장인물에 대한 아이디어가 몇 가지 떠올랐는데, 다음 소설에 꼭 등장시켜야겠어! 어서 빨리 쓰고 싶어!

나는 그 흔한 타자기나 컴퓨터도 쓰지 않고 오로지 종이 위에 펜과 잉크만을 사용해서 글을 써. 이야기의 전개 방식이나 분위기도 오래전부터 지켜온 내 느낌을 잃지 않기 위해 노력하고 있지.

내 소설들은 요즘 고양이 세계에서 유행하는 소설들과는 많이 달라. 그렇지만 나는 내가 제일 잘 쓸 수 있는 방식으로 글을 쓰는 것이 최선이라고 생각해. 오로지 나만 쓸 수 있는 이야기를 내 방식대로 잘 쓰는 것, 흔들리지 않고, 멈추지 않고, 원하는 만큼 오랫동안 하고 싶은 이야기를 계속 쓰는 것. 그것이 내가 원하는 묘생이야. 단조로운 하루하루를 보내고 있지만, 많은 것을 쌓아가고 있다고 생각해.

인간 세계의 인간들도 모두 각자 원하는 삶을 살길 바래.

안녕!

014
라면을 좋아하는 고양이
Ramen-loving cat

안녕, 나는 라면을 좋아하는 고양이야.
아주 오랫동안 고양이 세계의 평화를 위해 많은
일을 했고, 지금은 특별히 하는 일 없이
그냥 살고 있어. 요즘은 밤마다 심야 식당에서
라면을 먹는 게 삶의 낙이야.

나는 라면을 좋아하는 고양이야.

아주 오랫동안 고양이 세계의 평화를 위해 많은 일을 했고, 지금은 특별히 하는 일 없이 그냥 살고 있어. 요즘은 밤마다 심야 식당에서 라면을 먹는 게 삶의 낙이어서 라면을 좋아하는 고양이라고 소개해 보았어.

라면은 인간 세계로부터 고양이 세계로 전해진 음식이야. 역사가 그리 오래되진 않았지. 인간 세계에 머물다 실수로 라면을 맛보았던 어느 고양이가 그 맛에 반해서 고양이 세계로 돌아와 고양이 입맛에 맞는 라면을 만들기 시작했고, 지금은 수많은 고양이가 라면의 맛을 즐기고 있어. 고양이 세계에도 다양한 면 요리들이 있지만 나는 라면이 제일 좋아! 특히 시원한 맥주 한 잔과 함께 먹는 그 맛이란!

아, 맥주도 인간 세계로부터 고양이 세계로 전해졌는데, 고양이 세계의 맥주에는 알코올이 들어 있지 않고, 맛도 인간 세계의 그것과는 달라. 색깔과 거품을 빼곤 완전히 다른 음료라고 할 수 있지.

반대로 고양이 세계에서 인간 세계로 전해진 음식들도 많아. 인간이 최초로 만들었다고 믿는 많은 요리들이 알고 보면 고양이 세계로부터 전해진 것들이란 말씀이야. 고양이들이 인간들에게 요리를 가르쳐 줄 때 비밀로 해야 한다는 조건을 걸었기 때문에 진실을 알고 있는 인간들은 극소수에 불과해. 어떤 요리들인지 한번 찾아봐!

그러고 보면 고양이 세계와 인간 세계는 닮은 점이 참 많은 것 같아. 앗, 라면이 나왔어! 불기 전에 어서 먹어야지.

그럼 안녕!

015
명탐정 고양이
Detective cat

안녕! 나는 명탐정 고양이야.
고양이 세계에서 일어나는 미스터리한
사건들을 파헤치는 일을 하고 있어.
아주 작은 흔적들까지 끈질기게 추적해서
진실을 밝혀내지.

나는 명탐정 고양이야.

고양이 세계에서 일어나는 미스터리한 사건들을 파헤치는 일을 하고 있어. 보통의 고양이들은 문제를 일으키지 않지만, 가끔은 고양이 세계에서는 좀처럼 볼 수 없는 미스터리한 일들이 벌어지기도 해.

스크래쳐가 아닌 나무 기둥에 손톱자국들이 잔뜩 발견된 적도 있고, 마루 바닥에 물이 흥건하게 엎질러져 있는 현장이 발견되기도 했어. 그뿐만이 아니야. 책장에 꽂혀 있던 책들이 전부 바닥에 떨어져 나뒹굴던 충격적인 사건 현장을 본 적도 있어. 또 어떤 집에서는 화장실이 아닌 곳에서 배설물이 다량 발견되기도 했지.

정말 끔찍하지 않아?

보통 이런 일들은 인간 세계에 머물다 고양이 세계로 돌아온 지 얼마 되지 않은 고양이들이 저지르는 일이야. 그리고 고양이답지 않은 일을 저지른 것에 대해 스스로 수치심을 느끼고 그 행동을 기억에서 지워 버리는 경우가 많아. 그럴 때 나 같은 탐정들이 아주 작은 흔적들까지 끈질기게 추적해서 진실을 밝혀내지.

우리가 크고 작은 어려움 속에서도 포기하지 않고 끝까지 진실을 밝혀내는 이유는 인간 세계에 머물다 돌아온 고양이들이 하루빨리 고양이 세계의 고양이다운 모습을 되찾을 수 있도록 도와주어야 하기 때문이야.

고양이 세계의 고양이들은 모두 한 번 이상은 인간 세계에 머물다 오는데, 인간 세계가 빠른 속도로 변화하고 있기 때문인지 고양이들의 이상 행동들도 점점 더 다양해지고 있어. 그리고 그런 고양이들을 돕는 일은 우리에게 무척이나 중요한 일이야.

인간 세계에 살고 있는 고양이들이 큰 스트레스 없이 잘 지내다 돌아올 수 있도록 도와줘!

그럼 안녕!

016
우주 고양이
Space cat

안녕! 나는 우주를 탐험하는 고양이야.
고양이별 주변뿐만 아니라, 훨씬
더 먼 곳까지도 탐사를 나가곤 해.
고양이 세계는 인간 세계에는 한 번도
알려진 적 없는 은하에 속해 있어.

나는 우주를 탐험하는 고양이야.

고양이별 주변뿐만 아니라, 훨씬 더 먼 곳까지도 탐사를 나가곤 해. 고양이 세계는 인간 세계의 별과 거리상으로 아주 아주 멀리 떨어져 있어. 인간 세계에는 한 번도 알려진 적 없는 은하에 속해 있지.

그렇지만 정말 신기한 건 말이야. 우주에 존재하는 그 수많은 별 중에 유일하게 인간 세계의 별만이 고양이 세계의 별과 시간과 공간을 공유할 수 있다는 사실이야.

아주 오래전 우주 과학자 고양이들이 이 사실을 발견한 후, 오랜 연구 끝에 인간 세계에 갈 수 있는 방법을 찾아냈어. 당시 선발대 고양이들이 몇 차례 탐사를 다녀온 후 수집해온 정보와 사진, 영상들을 보고 놀라지 않을 수 없었지. 인간 세계와 고양이 세계가 정말 많이 닮아 있었거든.

호기심 넘치는 우리 고양이들은 그 새로운 세계를 직접 경험해 보고 싶어 했고, 적절한 방법을 찾기 위해 활발한 연구가 이루어졌어. 인간 세계에는 '수명'이라는 시스템이 있으니, 태어남과 죽음을 설정하고 정해진 시간 동안만 머물다 다시 돌아올 수 있다면 큰 무리가 없을 거라고 판단했어. 그때부터 수많은 고양이들이 인간 세계에 머물다 오기 시작했지. 지금은 거의 모든 고양이가 최소한 한 번 이상은 인간 세계에 다녀오는 것 같아. 정말 위대한 발견이었다고 생각해.

그럼 나는 지난번 탐사 때 수집해온 광물들을 살펴보러 가야겠어!

안녕!

017
기타리스트 고양이
Guitarist cat

안녕! 나는 기타리스트 고양이야. 밴드의
리더로 기타 연주와 작곡을 맡고 있어.
가끔 노래도 부르지. 인간 세계의 인간들도
음악을 무척 사랑한다고 알고 있는데
고양이들도 음악을 정말 정말 사랑해.

나는 기타리스트 고양이야. 고양이 세계에서 기타로 둘째가라면 서러울 정도의 실력을 갖추고 있고, 밴드의 리더로 기타 연주와 작곡을 맡고 있어. 가끔 노래도 부르지.

인간 세계의 인간들도 음악을 무척 사랑한다고 알고 있는데 고양이들도 음악을 정말 정말 사랑해. 음악이 없는 고양이 세계는 상상할 수 없어.

전 우주를 통틀어서 가장 큰 행복은 고양이와 함께하는 시간과 음악을 즐기는 일이라는 이야기가 있는데, 알고 있어? 고양이는 언제나 즐거움을 따라가는 삶을 살고, 음악은 그런 삶의 결과이기 때문이야. 그러니 고양이와 음악이 함께라면 행복할 수밖에 없지.

속상한 일이 있거나 답답한 일이 있을 땐 음악을 듣거나 노래를 불러봐. 악기 하나쯤 배워보는 것도 좋을 거야.

고양이를 안고 고양이를 위한 노래를 불러봐! 고양이들은 인간 세계의 인간들에게 무척 관대해. 조금 귀찮긴 하겠지만 우리는 인간들의 노래를 얼마든지 들어줄 수 있어!

함께 살고 있는 고양이가 있다면, 오늘 노래 한 곡 꼭 불러줘.

그럼 안녕!

018
조선 시대에 사는 도령 고양이
Boy cat living in the Joseon dynasty

안녕! 나는 조선 시대에 살고 있는 고양이야.
아침 일찍 일어나서 글공부를 하고,
낮에는 마을 산책을 다니면서 시간을 보내고,
집으로 돌아오면 그 생각들을 글로 정리하지.

나는 조선 시대에 살고 있는 고양이야.

나는 인간 세계 어느 나라의 옛 시대인 '조선 시대'에 머물다 왔어. 그 후로도 몇 번 더 인간 세계로 건너가 또 다른 시대를 경험해 보기도 했지만 조선 시대에 살던 때가 제일 좋았던 것 같아.

그래서 고양이 세계로 돌아온 뒤로도 쭉 조선 시대에 살고 있어. 조금은 불편한 점도 있지만, 자연과 가깝다는 점이 참 좋아. 가끔 바쁠 때도 있지만 보통은 혼자서 생각할 수 있는 시간이 많고 비교적 느린 삶이야.

고양이 세계에도 조선 시대가 있다는 것, 놀랍지 않아? 인간 세계의 조선 시대에 머물다 온 고양이들이 나 말고도 많이 있기 때문에 그들의 상상력이 모여서 고양이 세계에도 조선 시대가 만들어졌어. 우리 고양이들은 시간과 공간을 창조할 수 있고, 자유롭게 넘나들 수 있거든. 지나간 시간을 지금처럼 살 수도 있고, 상상 속 세계를 현실에서 경험할 수도 있지.

아무튼, 나는 지금 조선 시대의 양반가 도령의 삶을 살고 있어. 아침 일찍 일어나서 글공부를 하고, 낮에는 마을 산책을 다니면서 이런저런 생각을 하며 시간을 보내고, 집으로 돌아오면 그 생각들을 글로 정리하지. 그리고 부끄럽지만 마음에 두고 있는 아씨 고양이를 만나러 건넛마을까지도 다녀오곤 하는데…. 아씨는 이런 내 마음을 알까? 요즘은 내 공책이 아씨에 대한 생각으로 채워지고 있어….

나는 이곳에서 아직 어린 고양이지만 이렇게 시간을 보내다 보면 곧 과거시험을 봐야 할 때가 올 거야. 과거시험은 무지 어려운 데다가 나는 공부에는 취미가 없고 무엇보다 조선 시대에서 어른 고양이로 산다는 건 그리 즐거운 경험은 아닐 것 같아서…. 그전에 조선 시대를 떠날 생각이야. 또 다른 시간, 또 다른 환경에서 살아봐야지! 언젠가 조선 시대 어른 고양이의 삶이 궁금해질지도 모르지만 말이야.

오늘은 날씨가 정말 좋아. 건넛마을에 다녀와야겠어!

안녕!

019
컵케이크 가게 고양이
Patissier cat

안녕, 나는 컵케이크를 만드는 고양이야.
고양이 세계 왼쪽 나라의 한 작은 마을에서
컵케이크 가게를 운영하고 있어.
매일매일 더 맛있는 컵케이크를 만들기 위해
연구에 연구를 거듭하고 있지.

나는 컵케이크를 만드는 고양이야.

고양이 세계 왼쪽 나라의 한 작은 마을에서 컵케이크 가게를 운영하고 있어. 제법 유명해서 아주 먼 곳에서도 내가 만든 컵케이크를 맛보려고 찾아오는 고양이들이 있을 정도야.

매일매일 더 맛있는 컵케이크를 만들기 위해 연구에 연구를 거듭하고 있지. 어떻게 하면 입안에 넣었을 때 사르르 녹으면서… 너무 달거나 부담스럽지 않은… 시원하고도 상쾌하면서… 포근한 맛을 낼 수 있을까?

나는 인간 세계에 머물 때 빵과 케이크를 만드는 인간과 오랫동안 함께 살았어. 나의 인간은 정말로 열심히 맛 좋은 케이크를 만들기 위한 연구를 거듭했는데 불행히도 결과가 늘 좋지 않았어.

그러던 어느 날 나의 인간이 케이크를 만들다 지쳐 잠든 사이에 케이크 맛을 보았는데 그 케이크에 필요한 맛이 무엇인지 단번에 알겠더라고! 다음 날 나의 인간이 다시 새로운 케이크를 만들기 위해 반죽을 시작했을 때 실수인 척 작업대 위로 점프해서 더 넣어야 할 재료를 반죽에 쏟아 넣었어. 거기서 힌트를 얻은 나의 인간은 그 후로 엄청나게 맛있는 케이크들을 만들어내기 시작했지. 드디어 맛있는 케이크를 만드는 비법을 발견했다며 행복해하는 모습을 보니 나도 기분이 참 좋더라고. 가끔 꿈속으로도 찾아가서 내가 아는 다른 비법들을 더 알려주었고, 나의 인간은 케이크를 만드는 인간으로서는 드물게 큰 성공을 거두었어.

고양이 세계의 고양이들은 다른 이들에게 무언가 나누어 주는 것을 정말 좋아해. 좋은 것은 아무리 나누어 주어도 절대로 없어지지 않으니 말이야. 그래서 우리 고양이들은 인간 세계에 머무는 동안 함께 지내는 인간들에게 우리가 가진 좋은 것들을 전부 나누어 주려고 해. 그리고 더 이상 나누어 줄 게 없다는 것을 알게 되면, 비로소 고양이 세계로 돌아올 준비를 시작하지.

우리는 고양이 세계로 돌아와서도 함께 지냈던 인간들을 잊지 않아.
인간 세계의 인간들 모두 늘 행복하기를 바래.

그럼 안녕!

020
야구선수 고양이
Baseball player cat

안녕! 나는 야구선수 고양이야.
지금은 아니지만….
나는 고양이 세계에서
전설의 야구선수로
오랫동안 이름을 날렸어.

나는 야구선수 고양이야.

지금은 아니지만….

나는 고양이 세계에서 전설의 야구선수로 오랫동안 이름을 날렸어. 그런데 어느 순간 갑자기 야구에 대한 열정과 욕심이 모두 사라져 버리고 말았어. 야구를 하는 게 더 이상 재미가 없더라고…. 언제나 야구를 더 잘하고 싶다는 마음뿐이었는데 말이야.

왜 그랬을까?

좋아하는 일을 매일매일 할 수 있어 행복했고, 결과 역시 거의 언제나 만족스러웠는데 어째서 즐거움은 점점 더 줄어들었던 걸까?

결국, 야구선수 생활을 그만둘 수밖에 없었어. 얼마 동안 아무것도 하지 않고 지내다가 우연히 동네 꼬마 고양이들에게 야구를 가르쳐주기 시작했는데 이게 참 재미있어. 운동에 몰입하는 꼬마들을 보고 있으면 야구에 대한 열정이 되살아나는 것 같기도 하고 그렇게 오랫동안 해왔던 야구가 완전히 새로운 운동처럼 느껴지기도 해.

나에게 정말로 필요한 것은 무엇이었을까? 아직은 잘 모르겠지만 왠지 조만간 해답을 찾을 수 있을 것만 같아. 그리고 충분히 즐겁다고 느껴지면 야구를 다시 시작할지도 몰라!

야구의 즐거움을 되찾을 수 있다면 정말 좋겠어.

그럼 안녕!

021
알라딘 고양이
Aladdin cat

안녕! 나는 알라딘 고양이야. 이곳에서의
하루하루가 너무나 흥미진진해.
풍경도 정말 아름답고, 맛있는 음식들도 많고,
이웃들도 모두 친절하고, 특히 발바닥에 닿는
모래의 느낌이…. 정말 환상적이야!

나는 알라딘 고양이야.

나는 인간 세계에 머물면서 수많은 책을 읽었는데 그중에서 가장 기억에 남는 이야기가 바로 <알라딘과 요술 램프> 이야기였어. 그래서 고양이 세계로 돌아와 잠깐 알라딘의 삶을 살아보기로 했지.

아직은 램프의 요정을 불러본 적도 없고 소원을 빌어본 적도 없지만, 이곳에서의 하루하루가 너무나 흥미진진해. 풍경도 정말 아름답고, 맛있는 음식도 많고, 이웃들도 모두 친절하고, 특히 발바닥에 닿는 모래의 느낌이…. 정말 환상적이야!

그리고 오늘 밤에는 램프의 요정을 불러볼 생각이야. 내 램프의 요정은 어떻게 생겼을까? 정말로 내 소원을 들어줄까?

사실은 조금 불안하기도 해….

고양이 세계에서는 상상 속에서나 가능한 일들을 현실처럼 살아볼 수 있지만, 기억력과 상상력을 바탕으로 만들어지는 세계는 가끔 왜곡된 모습으로 나타나기도 하거든. 마치 꿈속 세계처럼 말이야.

아무튼, 램프의 요정이 진짜 내 소원을 들어준다면 나는 그에게 자유를 주고 싶어!

오늘 밤이 정말 기대돼.
언젠가 기회가 된다면 내 램프의 요정에 대한 이야기도 해 줄게.

그럼 안녕!

022
기사 고양이
Knight cat

안녕, 나는 기사 고양이야. 기사 고양이들은
매일매일 정해진 시간마다 검술 훈련을 해.
숲속에 몬스터들이 나타나면 망설임 없이 달려가
무찌르고 어떨 땐 위험하기로 소문난 지역으로
몬스터 사냥을 떠나기도 해.

나는 기사 고양이야. 사실 나는 겁쟁이 고양이였어. 용감한 고양이가 되고 싶어서 기사의 삶을 선택했지.

기사 고양이들은 매일매일 정해진 시간마다 검술 훈련을 해. 숲속에 몬스터들이 나타나면 망설임 없이 달려가 무찌르고 어떨 땐 위험하기로 소문 난 지역으로 몬스터 사냥을 떠나기도 해. 기사 고양이들이 얼마나 강하고 용감한지 증명해 보일 수 있는 기회지.

그런데 나는 요즘 생각이 너무 많아져서 기사로 사는 삶에 도무지 집중할 수가 없어. 내가 왜 내 성격을 고치고 싶어 했던 건지 잘 모르겠어. 겁많은 성격이 나쁜 것은 아닌데 말이야. 용감한 고양이가 있으면 겁쟁이 고양이도 있고, 외향적인 고양이가 있으면 내향적인 고양이도 있고, 키가 큰 고양이가 있으면 키 작은 고양이도 있고, 노란 고양이가 있으면 얼룩 고양이도 있고, 털이 긴 고양이가 있으면 털이 짧은 고양이도 있는 건데 말이야.

나….
다시 겁쟁이 고양이가 되고 싶어.
그냥 겁쟁이 고양이로 살고 싶어.

새로운 삶을 시작해야 할 것 같아.

그럼 안녕!

023
영화감독 고양이
Movie director cat

안녕, 나는 영화감독 고양이야. 이야기를
직접 쓰고, 그 이야기들을 영화로 만들고 있어.
영화를 만든다는 건 정말 재미있는 일이야!
이 일은 정말 오랫동안 쉬지 않고
계속했는데도 조금도 지루하지가 않아.

나는 영화감독 고양이야. 이야기를 직접 쓰고, 그 이야기들을 영화로 만들고 있어. 영화를 만든다는 건 정말 재미있는 일이야!

이 일은 정말 오랫동안 쉬지 않고 계속했는데도 조금도 지루하지가 않아. 영화 한 편을 만들고 나면, 영화로 만들고 싶은 또 다른 이야기들이 마구마구 떠올라.

우리 삶에 존재하는 모든 것, 너무나 작아서 잘 보이지 않는 것들까지도 모두가 자신만의 견고한 세계를 하나씩 가지고 있고 각자의 이야기를 들려주고 있어. 그들의 이야기를 듣다 보면 단 한 순간도 지루할 틈이 없지. 우리는 모두 각자 자신만의 이야기 속에서 살고 있는 거야.

지금 만들고 있는 영화는 이웃집 고양이의 노란색 털 한 가닥과 부러진 손톱 한 조각에서 시작된 이야기야. 흥미진진한 영화가 될 테니 기대해 줘!

그럼 안녕!

024
헌책방 고양이
Used bookstore cat

안녕, 나는 책을 사랑하는 고양이야.
고양이 세계 왼쪽 나라 네모난 마을에서
작은 헌책방을 762년째 운영하고 있어.
고양이들은 책을 읽으면서
지금을 느끼는 것을 좋아해.

나는 책을 사랑하는 고양이야. 고양이 세계 왼쪽 나라 네모난 마을에서 작은 헌책방을 762년째 운영하고 있어.

고양이들은 책을 정말 사랑해! 우리는 인간 세계의 인간들은 상상할 수 없을 만큼 다양한 삶을 오랫동안 깊이 경험하기 때문에 하고 싶은 이야기도 무척이나 많아. 삶이 곧 이야기가 되지…. 우리는 우리의 생각과 이야기를 글로 남기는 것을 좋아해. 고양이 세계에 좋은 책들이 많은 것은 자연스러운 일이야.

나는 오래전에 쓰인 책들을 특히 좋아하고, 그런 책들을 모으다 보니 자연스럽게 헌책방을 운영하게 되었어. 나는 이곳에서 온종일 책을 읽어.

이곳에 있는 오래된 책들은 내가 지금 이 삶을 살지 않을 때 쓰인 것이지만, 이 책들을 읽을 때면 책 속의 이야기와 작가의 생각이 지금 나와 함께 있다는 것이 느껴져.

인간 세계의 인간들에게 시간이란 흐르는 것이고, 미래는 아직 경험해 본 적 없는 알 수 없는 것이고, 과거는 어디론가 흘러가 버린 지금 이곳에는 없는… 그런 것이지? 고양이 세계의 시간은 인간 세계의 시간과 달라.

헌책을 모으는 것도 흘러가 버린 과거의 생각들이 아니라 지금 여기에 있는 생각들을 모으는 일이야.

고양이들은 책을 읽으면서 지금을 느끼는 것을 좋아해. 고양이 세계의 고양이들이 영원히 죽지 않고 원하는 모습으로 살 수 있는 것은 언제나 지금을 살기 때문이야.

인간 세계의 인간들도 지금을 소중하게 여기며 살길 바래.
우리가 경험할 수 있는 시간이란 오로지 지금뿐이니까.

그럼 안녕!

025
탐험가 고양이
Explorer cat

안녕, 나는 탐험가 고양이야. 고양이 세계 곳곳을 탐험하며 매일매일 새로움을 경험하고 있어. 요즘은 고양이 세계 남쪽에 있는 '깊고 깊은 초록 숲'을 둘러보고 있지. 정말 아름다운 곳이야!

나는 탐험가 고양이야. 고양이 세계 곳곳을 탐험하며 매일매일 새로움을 경험하고 있어. 요즘은 고양이 세계 남쪽에 있는 '깊고 깊은 초록 숲'을 둘러보고 있지. 정말 아름다운 곳이야!

고양이 세계에는 고양이 외에도 아직 알려지지 않은 생명체들이 많아. 고양이들의 발길이 닿지 않는 곳에서 그들만의 삶을 살아가고 있는 존재들이 있다는 뜻이야. 고양이만큼이나 고차원의 생명체들이지.

우리가 '고양이 세계'라고 부르는 이곳이 정말로 고양이의 세계인 걸까? 그들에게는 그들의 세계일 텐데 말이야.

오지를 탐험하다 보면 이렇게 새로운 생명체들을 종종 만나게 되는데 되도록 그들의 영역과 삶을 방해하지 않으려고 해. 그들이 원한다면 교류를 하기도 하지. 서로의 경험과 지혜를 나누는 거야.

언젠가 고양이들과 가깝게 지내는 또 다른 생명체들을 소개해 줄게. 정말 재미있는 친구들이야.

그럼 안녕!

026
아기 고양이들을 돌보는 고양이
Babysitter cat

안녕! 나는 아기 고양이들을 돌보는 일을
하고 있어. 어린 나이에 인간 세계에 갔다가
뜻하지 않은 사건을 만나 고양이 세계로
일찍 돌아올 수밖에 없었던
아기 고양이들을 돌보고 있지.

나는 아기 고양이들을 돌보는 일을 하고 있어. 어린 나이에 인간 세계에 갔다가 뜻하지 않은 사건을 만나 고양이 세계로 일찍 돌아올 수밖에 없었던 아기 고양이들을 돌보고 있지.

고양이들은 정신력이 강한 생명체들이어서 어떤 상황에서도 스스로의 힘만으로 잘 적응해 나갈 수 있지만, 인간 세계에서 좋지 않은 경험을 하고 돌아온 어린 고양이들에게는 도움의 손길이 필요해.

좋지 않은 기억을 갖게 된 것이 좋은 일인지 나쁜 일인지 판단을 내리는 것은 아직 너무 이른 일이지만 어린 고양이들이 혼란스러운 시간을 보내게 된 것에 대해서는 안타까운 마음이 들어.

그렇지만 고양이들은 정말 강해! 그러니 걱정하지 않아도 돼. 모두들 잘 이겨내고 있어. 이 편지를 읽게 될 인간들만이라도 인간 세계에 살고 있는 고양이들에게 조금만 더 따뜻하게 대해 준다면 좋겠어.

앗, 아기들 밥 먹을 시간이야.

그럼 안녕!

027
장난감 병정 고양이
Toy soldier cat

안녕! 나는 장난감 병정 고양이야. 우리는
매일매일 재미있는 놀이를 하면서 살아.
언젠가 지루하다고 느껴지면 더 이상 이렇게
놀지 않겠지만 어쩐지 아주 오랫동안
이렇게 놀면서 살 것 같아.

나는 장난감 병정 고양이야.

인간 세계에 다녀온 뒤 즐거웠던 기억들을 모아서 고양이 세계에 장난감 나라를 만들었어. 인간 세계에서 함께 살았던 고양이 친구들과 장난감 친구들도 데려와서 함께 지내고 있지. 요즘은 장난감 병정놀이에 푹 빠져 있고 말이야.

인간 세계에는 재미있는 장난감들이 정말 많았어. 나의 인간들이 집을 비우거나 깊이 잠들면 장난감들과 함께 놀곤 했는데, 나의 인간들은 주로 집에서 일을 했고 불규칙한 생활을 했어. 집을 비우는 일도 별로 없었기 때문에 장난감들과 마음 편히 놀 수 있는 시간이 그리 많지는 않았지. 그래서 고양이 세계로 돌아오면 꼭 장난감 나라를 만들어야겠다고 생각했던 거야!

우리는 매일매일 재미있는 놀이를 하면서 살아. 언젠가 지루하다고 느껴지면 더 이상 이렇게 놀지 않겠지만 어쩐지 아주 오랫동안 이렇게 놀면서 살 것 같아.

멋진 장난감 친구들을 만날 수 있게 해 준 나의 인간들에게 고맙다는 말을 전하고 싶어.

그럼 안녕!

028
마법사 고양이
Wizard cat

안녕, 나는 마법사 고양이야.
아주 오랜 세월 동안 마법사로 살았고
고양이 세계의 고양이 중에서도
많은 경험을 지닌, 이를테면 늙은 영혼을
가진 고양이라고 할 수 있어.

나는 마법사 고양이야.

아주 오랜 세월 동안 마법사로 살았고 고양이 세계의 고양이 중에서도 많은 경험을 지닌, 이를테면 늙은 영혼을 가진 고양이라고 할 수 있어. 지금은 예전에 사용하던 마법들을 쓸 일이 많지 않아. 마음을 다스리고 마음의 상처를 치유하는 마법을 더 많이 쓰지.

요즘은 어려운 상황에 처한 고양이들을 만나 고민을 들어주고, 그동안의 경험을 토대로 도움이 되는 조언을 해 주려고 노력하고 있어.

고양이 세계의 고양이들은 끊임없이 스스로에 대해 고민하고 사유하는 삶을 살기 때문에 스승이랄지 선각자와 같은 존재가 필요할 때가 있어. 나처럼 늙은 영혼을 가진 고양이들은 그들에게 기꺼이 도움을 주고, 나누어 줄 수 있는 것이 있다면 모두 나누어 주려고 하지.

오랜 세월을 살다 보니 우리의 의지대로 할 수 있는 일이란 내가 가진 것을 나누어 주는 일뿐이라는 것을 알게 됐어.

고양이 세계의 고양이들이 만족스러운 삶을 살 수 있는 것은 실체가 없는 감정이나 욕심 같은 것에 집착하지 않기 때문이라고 생각해. 우리는 아낌없이 나누어 주면서도 아깝다는 생각을 하지 않아.

인간 세계에 머물다 고양이 세계로 돌아온 고양이들 모두 고양이답게 잘 살고 있다는 것을 꼭 이야기해 주고 싶어. 고양이를 떠나보내고 슬퍼하고 있는 인간들이 있다면 너무 오래 슬퍼하지는 마. 우리는 인간들에게 나누어 줄 수 있는 것들을 모두 나누어 주고 기쁜 마음으로 돌아온 것이니까 말이야.

그럼 안녕!

029
과학자 고양이
Scientist cat

안녕, 나는 과학자 고양이야. 과학자 고양이들은
새로운 발견을 위한 연구를 놀이처럼 즐기고 있어.
고양이 세계에서는 시간이라는 제약이 없어서
우리와 다른 개념의 시간을 사는 과학자들보다
더 넓은 영역을 더 깊이 탐구할 수 있어.

나는 과학자 고양이야.

고양이 세계의 과학 수준이 인간 세계의 과학보다 훨씬 앞서 있다는 사실은 알고 있지? 과학자 고양이들은 새로운 발견을 위한 연구를 놀이처럼 즐기고 있어.

고양이 세계에서는 시간이라는 제약이 없어서 우리와 다른 개념의 시간을 살고 있는 과학자들보다 더 넓은 영역을 더 깊이 탐구할 수 있어.

요즘 나는 인간 세계의 경험들을 토대로 새로운 시간과 공간을 만들어낼 때 위험한 상황들이 만들어지지 않도록 왜곡된 기억을 제어하는 기술을 연구하고 있어. 물론 왜곡된 기억들이 불필요하거나 무조건 나쁜 것만은 아니기 때문에 완전히 없애버리지는 않을 거야. 게다가 왜곡된 기억을 좋아하는 고양이들도 많아서 매우 섬세한 기술력이 필요하지.

고양이 세계의 과학 수준은 이미 놀라울 만큼 발전해 있지만 실제 생활에서는 아직 바퀴로 굴러가는 자동차들도 있고, 손잡이를 돌려서 열어야 하는 문도 있고, 씨앗을 심어서 키워야 하는 나무들도 있어. 고양이들은 여전히 때때로 감기에 걸리지.

우리는 과학을 활용해서 더 편하고 쉽게 살고 싶다는 욕심이 없어. 그저 우리가 원하는 대로 즐기며 살아갈 뿐, 과학은 더 중요한 곳에 쓰이기를 바라지.

그럼 안녕!

030
고양이 왕자
Cat prince

안녕, 나는 고양이 세계 동쪽에 있는 '작은 나무 왕국'의 왕자야. 이곳에 사는 고양이들은 꽃과 나무, 풀들을 사랑해. 물과 바람, 흙과 돌들도 모두 우리의 친구지. 우리는 매일 아침 식물들과 만나 대화를 나누며 하루를 시작해.

나는 고양이 세계 동쪽에 있는 '작은 나무 왕국'의 왕자야. 이곳에 사는 고양이들은 꽃과 나무, 풀들을 사랑해. 물과 바람, 흙과 돌들도 모두 우리의 친구지.

우리는 매일 아침 식물들과 만나 대화를 나누며 하루를 시작해. 식물들이 지니고 있는 통찰력의 깊이를 알게 된다면 놀라지 않을 수 없을 거야. 식물들은 서두르거나 불안해하지 않고, 느리게 변화하지만 절대로 멈추는 일이 없어. 많은 일을 해내겠다고 애쓰는 우리보다 더 많은 걸 해내고 있지.

그리고 식물들은 언제나 우리가 모두 특별하다는 것을 일깨워 주곤 해. 그들의 이야기를 듣다 보면 세상을 이루고 있는 모든 것이, 눈에 보이지 않는 작은 것들까지도 하나도 빠짐없이 필요한 존재들이라는 것을 깨닫게 돼.

인간 세계의 인간들도 기회가 된다면 식물들의 이야기를 들어봐. 많은 걸 배울 수 있을 거야.

그럼 안녕!

031
온천 고양이
Spa cat

안녕, 나는 온천을 좋아하는 고양이야.
매일 아침저녁으로 온천에 몸을 담그고 느긋하게
시간을 보내며 명상을 하지. 따뜻한 물이 복잡했던
마음속까지 깨끗이 정리해 주는 것 같아.
나 자신에게 온전히 집중할 수 있는 시간이야.

나는 온천을 좋아하는 고양이야. 온천을 너무 좋아해서 얼마 전에는 온천 근처로 이사도 왔어.

매일 아침저녁으로 온천에 몸을 담그고 느긋하게 시간을 보내며 명상을 하지. 따뜻한 물이 복잡했던 마음속까지 깨끗이 정리해 주는 것 같아. 나 자신에게 온전히 집중할 수 있는 시간이야.

오늘은 인간 세계에 머물던 때의 일들을 떠올려 보았어. 사실 인간 세계에 머물 때는 목욕하는 걸 그다지 좋아하지 않았지. 물속에 들어가 가만히 앉아 있을 수 있었다면 좋아했을지도 모르겠는데 내 몸에 비누를 뿌리고 거품을 내고 물을 뿌리고, 휴…. 정말이지 귀찮은 일이었어.

그때 함께 살았던 나의 인간들이 내가 온천을 좋아한다는 사실을 알게 된다면 아마 깜짝 놀랄 거야. 그렇지만 나는 목욕을 싫어할 뿐, 물은 좋아한다고 몇 번이나 얘기했는걸. 인간 세계의 인간들도 고양이의 말을 알아들을 수 있다면 좋을 텐데…. 고양이의 마음을 알고 싶다면 고양이 언어에 대해 연구해 보는 게 어때?

그럼 안녕.

032
정원사 고양이
Gardener cat

안녕, 나는 정원사 고양이야.
정원에 있는 나무와 풀들을 관리하는 게
내 일이야. 하루도 거르지 않고 매일
나무와 풀을 다듬는데 그들이 원하는
모양대로 다듬어 주려고 노력해.

나는 정원사 고양이야. 고양이 세계 남쪽 나라에 있는 커다란 성에서 혼자 살고 있어. 여기에는 아주 넓은 정원이 있고 나무와 풀들이 가득해.

그리고 이 정원에 있는 나무와 풀들을 관리하는 게 내 일이야. 하루도 거르지 않고 매일 나무와 풀을 다듬는데 그들이 원하는 모양대로 다듬어 주려고 노력해. 여기에 살고 있는 식물들은 개성이 뚜렷하고 자신들이 어떤 모습이 되고 싶은지 정확히 알고 있어. 단지 죽은 잎과 가지들을 정리하기만 해도 멋진 모양이 만들어지지.

매일 아침 색다른 모습이 되길 원하는 풀들도 있고, 늘 같은 모습을 유지하고 싶어 하는 나무들도 있어. 그 모습들은 그들의 마음 상태를 표현하지.

식물들은 조용하지만, 언제나 그들 자신을 표현하고 있어. 초록색이 되었다가 붉은색이 되기도 하고, 또 어떤 계절에는 형형색색 아름다운 꽃들을 피우기도 하지. 아무도 알아보지 못한다 해도, 그것이 그저 자기 자신만을 위한 것일지라도 자연스럽게 바깥으로 보이는 무언가가 있는 것 같아.

자신을 표현하는 것은 의미 있는 일이야. 우리는 모두 유일하고 특별한 존재들이니까.

그럼 안녕!

033
미식가 고양이
Gourmet cat

안녕, 나는 먹는 것을 좋아하는 고양이야.
세상에는 맛있는 것들이 너무 많아!
걱정스러운 일이 있을 때도
맛있는 음식을 먹을 수 있다고 생각하면
갑자기 온 세상이 밝아져.

나는 먹는 것을 좋아하는 고양이야.

세상에는 맛있는 것들이 너무 많아! 맛있는 음식을 먹는 즐거움만큼 큰 즐거움이 또 있을까?

걱정스러운 일이 있을 때도 맛있는 음식을 먹을 수 있다고 생각하면 갑자기 온 세상이 밝아져. 걱정거리는 더 이상 걱정거리가 아닌 게 되지. 만약 맛있는 음식을 먹을 수 없다면 어떻게 살아가야 할까? 상상조차 할 수 없는 일이야….

우리 삶을 의미 있게 만드는 것은 무엇일까? 어떤 삶이 좋은 삶일까? 어떻게 살아야 옳은 것이지? 맛있는 음식을 먹으며, 행복을 느끼고, 살아있음을 느끼는 것이 의미 있는 삶 아닐까?

지금 내 앞에 차려진 음식들을 보면 이런 질문들도 전부 무의미해. 음식의 맛을 하나도 빠트리지 않고 모두 느끼려면 완전히 집중해야 한다고!

그럼 안녕!

034
조선 시대에 사는 아씨 고양이
Girl cat living in the Joseon dynasty

안녕, 나는 조선 시대에 살고 있는
아씨 고양이야. 조선 시대 아씨의 삶은 겉으로
보기엔 답답해 보이고 지루해 보이지만
사실 꽤 재미있어. 내 생활은 생각보다
무척 자유롭거든.

나는 조선 시대에 살고 있는 아씨 고양이야.

인간 세계에 머물 때 조선 시대에 살았었는데 좋았던 기억이 많아서 고양이 세계로 돌아와서도 같은 분위기의 삶을 더 경험해 보고 있어.

조선 시대 아씨의 삶은 겉으로 보기엔 답답해 보이고 지루해 보이지만 사실 꽤 재미있어. 내 생활은 생각보다 무척 자유롭거든. 숲속에서 친구들과 마음껏 뛰어놀기도 하고, 나무 위에 올라가 열매를 따 먹기도 해. 어른 고양이들이 보면 호통을 치겠지만 말이야.

조신한 척 얌전한 척해야 하는 조선 시대 아씨로 살고 있지만 사실 내 꿈은 무관이 되는 거야. 장군이 되고 싶어!

조선 시대에 사는 아씨의 삶이란 호기심 많은 고양이가 살기에는 너무나 지루한 삶이지만, 나에게 주어진 한계를 모두 깨볼 거야. 나는 고양이니까 여기서도 가장 나답게 살 거야. 조선 시대 최초의 여장군 고양이가 되어 볼 거야!

그럼 안녕!

035
노래하는 고양이
Singer cat

안녕, 나는 노래를 사랑하는 고양이야!
음악을 듣는 것과 노래 부르는 것을 정말 좋아해.
음악을 듣고, 노래를 부르면 그 음악과 노래에
지금을 고스란히 저장해 둘 수 있어.
그리고 언제든지 다시 꺼내서 경험해 볼 수 있지.

나는 노래를 사랑하는 고양이야! 음악을 듣는 것과 노래 부르는 것을 정말 좋아해. 노래와 음악이 얼마나 신비로운 것인지에 대해 이야기해 볼게.

내가 인간 세계에 살았던 기억은 지금까지도 무척 좋은 기억으로 남아 있어. 나와 함께 살았던 인간들도 참 좋은 인간들이었고, 나처럼 노래를 부르고 음악을 듣는 것을 좋아했어. 집 안에는 언제나 노랫소리가 가득했지.

고양이 세계로 돌아와서도 그때 들었던 음악들을 한 번씩 꺼내 듣는데 그럴 때면 그때 그 시간과 공간으로 다시 돌아가게 되는 거야. 음악과 함께 그때의 기분을 똑같이 다시 느낄 수 있어. 내가 제일 좋아하는 간식을 처음으로 먹었던 날, 내가 정말 사랑하는 장난감을 처음 만났던 날, 나의 인간들이 낳은 인간 아기를 처음 소개받았던 날, 인간 아기와 함께 놀았던 시간들….

음악을 듣고, 노래를 부르면 그 음악과 노래에 지금을 고스란히 저장해 둘 수 있어. 그리고 언제든지 다시 꺼내서 경험해 볼 수 있지.

인간 세계의 인간들도 좋은 음악 많이 듣고, 좋은 노래 많이 부르면서 살아!

그럼 안녕.

036
무술가 고양이
Martial artist cat

안녕! 나는 무술가 고양이야. 공중부양 상태로
이 편지를 쓰고 있어. 얼마 전까지만 해도
마음속에 있는 생각들을 모두 비워야 공중부양이
가능했는데 지금은 공중부양을 한 상태로도
많은 일을 할 수가 있어!

나는 무술가 고양이야. 공중부양 상태로 이 편지를 쓰고 있어.

얼마 전까지만 해도 마음속에 있는 생각들을 모두 비워야 공중부양이 가능했는데 지금은 공중부양을 한 상태로도 많은 일을 할 수가 있어!

고양이 세계의 고양이들은 고차원의 생명체들이야. 오랜 세월 동안 끊임없이 우리 자신에 대해 집중하고 고민하고 생각해왔기 때문에 이런 경지에 오를 수 있었다고 생각해.

나는 오랫동안 노력해서 겨우겨우 공중부양에 성공했지만, 엄청난 속도로 우주를 날아다닐 수 있는 초능력을 지닌 고양이들도 있어. 그들은 나보다 더 오랜 시간 동안 더 깊은 고민을 하면서 자신의 능력을 발전시켜온 거야.

자기 자신에게 온전히 집중하며 자신에 대해 배워나가는 과정은 매우 특별해. 우리는 아직 우리 자신에 대해 모르는 것이 많거든.

고양이 세계의 고양이들은 가장 나다운 모습을 발견해 나가는 삶을 살아. 우리 자신에 대해 알아야 할 것이 얼마나 많은지 몰라.

인간 세계의 인간들도 한 번쯤 자신의 목소리에 귀 기울여보길 바래.

그럼 안녕.

037
파일럿 고양이
Pilot cat

안녕, 나는 파일럿 고양이야.
작은 비행기를 타고 고양이 세계 곳곳을
여행하고 있지. 세상 어떤 비행기보다
멋지고 특별한 비행기야. 나는 오늘도
내 비행기와 함께 하늘을 날 거야!

나는 파일럿 고양이야. 작은 비행기를 타고 고양이 세계 곳곳을 여행하고 있지.

나는 이 비행기를 정말 오랫동안 탔어. 요즘 만들어진 신형 비행기들에 비하면 속도도 느리고 성능도 그다지 좋지 않지만 신형 비행기를 타는 파일럿들이 조금도 부럽지 않아.

마음만 먹으면 새 비행기를 탈 수도 있겠지만 나는 이 비행기가 제일 편하고 좋아. 좀 느려도 괜찮고 최신 기능들이 없어도 괜찮아. 신형 비행기들과 비교하면 구식 비행기가 되어버리지만, 비교하지 않는다면 이 세상 그 어떤 비행기보다 멋지고 특별한 비행기야.

구식 비행기라서 빠르고 높게 날 수는 없지만 천천히 낮게 날면 더 많은 것을 보고 느낄 수 있어. 바다 위를 날면 바닷속을 헤엄치는 물고기들도 볼 수 있고, 사막 위를 날면 낙타를 타고 긴 사막을 횡단하는 여행자 고양이들을 만날 수 있어. 비행기를 올려다보는 어린 고양이들에게 손을 흔들어 줄 수도 있고, 작은 숲 입구에 안전하게 착륙해서 나무 그늘 아래 앉아 열매를 따 먹으며 잠시 쉴 수도 있지.

나는 오늘도 내 비행기와 함께 하늘을 날 거야!

그럼 안녕!

038
의사 고양이
Doctor cat

안녕, 나는 의사 고양이야. 아픈 고양이들을
치료해 주는 일을 하고 있어. 의사 고양이들은
병이나 상처를 직접 치료하기보다는
그들의 치유능력을 끌어올려서
스스로 치유할 수 있게 도와주는 일을 해.

나는 의사 고양이야. 아픈 고양이들을 치료해 주는 일을 하고 있어.

고양이 세계의 고양이들은 치유능력이 무척 좋은 편이야. 그렇지만 어떤 고양이들은 자신들의 치유능력을 믿지 못하고 의사를 찾아오기도 해. 고양이들은 기본적으로 뛰어난 치유능력을 지니고 있는데도 그런 고양이들은 기본적인 면역력마저도 아주 낮은 상태야. 사실 자신의 치유능력에 대해 다시 믿음을 가질 수 있도록 도와주는 것 말고는 다른 특별한 치료법은 없어.

의사 고양이들은 병이나 상처를 직접 치료하기보다는 그들의 치유능력을 보통 고양이들만큼 끌어올려서 스스로 치유할 수 있도록 도와주는 일을 해. 약이 필요할 때도 있지만 약간의 도움만 줄 뿐, 병을 치유하는 데 있어서 가장 결정적인 역할을 하는 것은 고양이들의 마음 상태야.

우리 고양이들은 각자의 선택에 따라 젊은 고양이의 삶을 살기도 하고 늙은 고양이의 삶을 살기도 하는데, 젊은 고양이의 삶을 산다고 해서 언제나 건강한 것도 아니고 늙은 고양이의 삶을 산다고 해서 언제나 병약한 것도 아니야. 젊은 고양이의 삶을 살면서도 어딘가 자꾸만 아픈 고양이들이 있고, 늙은 고양이의 삶을 살면서도 웬만한 젊은 고양이들보다 건강한 고양이들도 많아.

고양이들은 오랜 세월을 살아오면서 우리의 몸과 마음에 대해 많은 것을 배웠어. 한때는 마음이 몸을 컨트롤한다고 생각하던 때가 있었는데 지금은 몸과 마음이 서로 구분되지 않는 하나의 개념이라는 견해가 지배적이야.

만약 마음이 몸을 컨트롤하고 몸은 그저 마음의 통제 아래에 있는 껍데기 같은 것이라거나 단순히 우리의 머릿속에 있는 뇌라는 기관이 생각과 마음을 만들어내는 것이라면 우리 고양이들은 지금과 같은 방식으로 영원히 살 수 없었을 거야.

우리가 지금 생각이라는 걸 하고 있는 것은 마음일까, 몸일까? 우리가 몸을 가지고 있어서 생각을 할 수 있는 것일까, 생각을 할 수 있어서 몸으로 형상화되었던 것일까?

언젠가 인간 세계의 인간들이 생각하는 마음과 몸에 관해서도 이야기를 들어보고 싶어!

그럼 안녕.

039
보물 수집가 고양이
Treasure hunter cat

안녕. 나는 보물 수집가 고양이야. 고양이 세계
곳곳을 돌아다니며 오래된 보물들을 수집하고
있어. 아주 오래전에 고양이 세계의 어느 작은
나라의 왕으로 살 때 늘 간직하던 소중한
보물을 꼭 되찾고 싶어.

나는 보물 수집가 고양이야. 고양이 세계 곳곳을 돌아다니며 오래된 보물들을 수집하고 있어.

내가 보물을 수집하는 이유는 아주 오래전에 고양이 세계의 어느 작은 나라의 왕으로 살 때 늘 간직하던 소중한 보물을 되찾기 위해서야. 그 삶을 마무리하고 다른 삶을 선택하는 과정에서 잃어버리고 말았거든. 그 보물은 정말로 특별한 것이어서 꼭 되찾고 싶어.

나는 왕의 삶을 경험하기 바로 전에 인간 세계에 머물다 왔어. 좋은 인간들과 함께 오랜 세월을 살았지. 인간 세계 시간으로 무려 32년이나 살았지 뭐야. 인간 세계에 머무는 다른 고양이들에 비하면 정말 정말 오래 살다 온 거야. 나의 인간들이 나이를 먹어가면서 점점 더 좋은 인간으로 변화하는 모습을 옆에서 오랫동안 지켜볼 수 있어서 정말 좋았어.

고양이 세계로 돌아와 왕의 삶을 살면서 작지만 아주 견고한 항아리 하나를 만들었고, 그 안에 나의 인간들과의 추억들을 작은 것 하나까지 모두 담아두었어. 그리고 생각날 때마다 꺼내보곤 했지. 그런데 그 항아리를 잃어버린 거야.

영원을 사는 고양이들에게 인간 세계의 32년이란 결코 긴 시간이 아니지만, 인간들과의 추억을 잊지 않고 오래도록 기억하고 싶어. 항아리를 하루빨리 되찾을 수 있기를 기도해 줘.

그럼 안녕.

040
시계를 만드는 고양이
Watchmaker cat

안녕, 나는 시계를 만드는 고양이야.
고양이들은 언제든지 자신이 원하는
시간 개념을 선택할 수 있어. 워낙 다양한
시간 개념들이 있다 보니, 나처럼 시계를
만드는 고양이들은 늘 할 일이 많아.

나는 시계를 만드는 고양이야.

고양이 세계의 시간이 인간 세계의 시간과 다르다는 것은 알고 있지? 고양이들은 자신들이 살고 싶은 시간과 공간을 직접 선택하고 그 안에서 살아. 시간이라는 것은 고양이들이 선택한 삶마다 전혀 다른 개념이 될 수 있어.

그러니 내가 만드는 시계들이 나타내는 시간도 절대적인 것이 아니야. 시간이 흐르는 속도도 모두 다르고, 시간을 나타내는 단위도 모두 다르지. 그리고 시간이란 흐를 수도 있고, 흐르지 않을 수도 있어.

고양이들은 언제든지 자신이 원하는 시간 개념을 선택할 수 있어. 워낙 다양한 시간 개념들이 있다 보니, 나처럼 시계를 만드는 고양이들은 늘 할 일이 많아. 물론 나는 바쁘지 않게 돌아가는 시간 개념을 선택해서 살고 있지만 말이야.

인간 세계의 시간에도 고양이 세계의 시간처럼 신비로운 개념들이 숨겨져 있는데 그 개념들을 제대로 알고 있는 인간들은 아직 많지 않아. 인간 세계의 인간들도 언젠가 시간에 대한 비밀을 풀 수 있는 날이 오겠지.

인간들이 시간의 비밀을 풀고 나면 다시 이야기 나눌 기회가 있을 거야.

그럼 안녕!

041
농구선수 고양이
Basketball player cat

안녕, 나는 농구선수 고양이야.
고양이들은 경쟁을 즐기지 않지만 다 같이
모여서 공놀이를 할 수 있어서 참 좋아!
알다시피 고양이들은 정신없이
뛰어다니는 걸 정말 좋아하거든.

나는 농구선수 고양이야.

농구는 내가 인간 세계에 머물 때 처음 접한 스포츠인데, 인간 세계에서 살 땐 TV로만 보다가 고양이 세계로 돌아온 후 본격적으로 시작하게 되었어. 마침 고양이 세계에도 농구에 흥미를 보이는 고양이들이 많아서 고양이 세계만의 농구 리그도 만들었어! 고양이들은 경쟁을 즐기지 않지만 다 같이 모여서 공놀이를 할 수 있어서 참 좋아!

그나저나 농구가 고양이들이 만든 스포츠라는 거 알아? 나도 인간들이 만든 스포츠라고 생각했었는데, 알고 보니 고양이들이 만든 거더라고! 아주 오래전에 한동안 유행하다가 점차 역사 속으로 사라진…. 전설의 스포츠라고 해. 뭐 고양이들이 만들었다고 해도 그리 이상하지는 않아. 알다시피 고양이들은 정신없이 뛰어다니는 걸 정말 좋아하거든.

공 하나를 가지고 여러 고양이가 함께 즐길 수 있는 스포츠가 더 있는지 알아봐야겠어!

그럼 안녕!

042
점술가 고양이
Fortuneteller cat

안녕! 나는 점쟁이 고양이야. 주로 카드를
이용해서 점을 쳐. 우리는 인간들처럼 다른
이들의 마음이나 미래의 일이 궁금한 것이
아니라, 우리 자신의 마음을 좀 더
정확하게 들여다보기 위해 점을 봐.

나는 점쟁이 고양이야. 주로 카드를 이용해서 점을 쳐.

고양이 세계의 점은 인간 세계의 점과는 많이 달라. 우리는 인간들처럼 다른 이들의 마음이나 미래의 일이 궁금한 것이 아니라, 우리 자신의 마음을 좀 더 정확하게 들여다보기 위해 점을 봐.

그렇다고 점쟁이 고양이들이 특별한 능력이 있는 것은 아니야. 카드를 뒤집으면서 의뢰묘들의 마음을 함께 들여다보고 그들을 대신해 읽어 줄 뿐이지. 다 읽어주고 나면 카드와는 상관없이 그들 자신도 이미 모두 알고 있는 사실이라는 걸 깨닫게 돼.

정말 재미있는 건 인간 세계에 다녀온 경험이 있는 모든 고양이의 마음 속에 함께 살았던 인간들에 대한 기억이 깊이 각인되어 있다는 거야. 고양이 세계의 고양이들은 함께 지냈던 인간들을 꼭 다시 만나고 싶어

해. 인간들과 특별한 추억을 많이 쌓은 고양이들은 인간 세계를 떠나온 후에도 그 인간들을 그리워하다 비슷한 모습으로 다시 방문하기도 해.

인간 세계의 인간들도 고양이 세계로 언제든지 쉽게 놀러 올 수 있다면 좋겠어. 언제라도 환영이야!

그럼 안녕!

043
화가 고양이
Painter cat

안녕, 나는 화가 고양이야. 그림을 그리고
있는 동안에는 감각이 훨씬 예민해져서
아주 빨리 몰입 상태에 도달할 수 있어.
그리고 그림을 그리는 동안에는
다른 차원의 다른 시간을 살게 되지.

나는 화가 고양이야.

우리는 보통 언어를 통해서 의사소통을 하지만 언어가 통하지 않는 누구에게든 아주 쉽게 내 생각을 표현할 수 있는 방법이 있어. 바로 그림이야. 그림으로는 정말 많은 것을 할 수 있어.

그림을 그리는 과정은 때로는 명상하는 것과도 비슷해. 눈과 손이 바쁘게 움직이며 그림을 그려내는 동안 캔버스 위에 머물던 나의 마음은 조금씩 새로운 것들을 상상하기 시작하는데 마음이 흘러가는 모습을 가만히 관찰하는 거야. 그러면 곧 지금까지 한 번도 경험해 본 적 없는 차원으로 들어가 그림을 그리고 있는 내 모습을 내 몸 바깥에서 바라보게 되는 거야.

그림을 그리고 있는 동안에는 감각이 훨씬 예민해져서 아주 빨리 몰입 상태에 도달할 수 있어. 그리고 그림을 그리는 동안에는 다른 차원의 다른 시간을 살게 되지. 가끔은 시간이 움직이는 소리가 들리기도 해.

조금 이상하게 들릴지도 모르지만, 인간 세계에도 나와 비슷한 경험을 해 본 인간들이 있을 거라고 생각해. 본능적인 호기심을 무시하지 말고 우연히 만나게 되는 신비로운 상황들을 충분히 즐길 수 있길 바래.

그럼 안녕!

044
천문학자 고양이
Astronomer cat

안녕, 나는 별을 사랑하는 고양이야.
나는 매일 밤 별들을 관찰하는데, 매번 심장이
두근거릴 정도로 흥미롭고 설레는 일이야.
우주에 대해 궁금한 것도 너무나 많아!

나는 별을 사랑하는 고양이야. 고양이들은 우주에 대해 이미 많은 것을 알고 있지만 어떤 면에서는 아직 우리에게도 미지의 세계지.

나는 매일 밤 별들을 관찰하는데, 매번 심장이 두근거릴 정도로 흥미롭고 설레는 일이야. 우주에 대해 궁금한 것도 너무나 많아!

우리는 인간 세계뿐만 아니라 여러 다른 세계와도 많은 교류를 하고 있어. 고양이 세계를 충분히 이해해 주는 생명체들과는 다양한 지식과 정보를 공유하고 있지.

인간 세계의 인간들에게도 우리가 가지고 있는 좋은 것들을 더 많이 나누어 주고 싶지만 아직은 때가 아닌 모양이야. 그렇지만 앞으로 우리가 함께 지내는 경험들이 더 쌓이면 자연스럽게 많은 것을 나눌 수 있는 날이 올 거라고 생각해.

오늘 밤엔 오랜만에 인간들이 살고 있는 별을 관찰해야겠어!

그럼 안녕!

045
천사 고양이
Angel cat

안녕, 나는 천사 고양이야.
내가 이곳에서 천사로서 하는 일을 간단히
얘기하자면… 아무 일도 하지 않는 거야!
아무 생각도 하지 않고, 어떤 의도도 품지 않고,
아무것도 없는 상태를 경험하는 거야.

나는 천사 고양이야.

나는 고양이 세계에 천국이라는 공간을 만들어서 그곳에서 살고 있어. 고양이 세계의 천국은 일반 세계와 구분된 개념이 아니야. 어찌 보면 같은 공간이라고 할 수 있어.

인간 세계에 머물 때 인간들의 천국은 쉽게 경험할 수 없는 특별한 것이었기 때문에 그런 공간에서의 삶을 경험해 보고 싶었어. 그래서 그들이 만든 이미지들을 가져다가 천국이라는 공간을 만들었지. 나는 지금 구름 위에서 따뜻한 햇볕을 쬐면서 이 편지를 쓰고 있어!

내가 이곳에서 천사로서 하는 일을 간단히 얘기하자면….
아무 일도 하지 않는 거야!

아무 생각도 하지 않고, 어떤 의도도 품지 않고, 새로운 일을 시작할 계획도 없는, 아무것도 없는 상태를 경험하는 거야. 이렇게 이야기하면 고양이 천사의 삶이 쉽고 단순해 보일 수도 있을 것 같아. 그렇지만 그거 알아? 복잡하고 어려운 일들을 끊임없이 해야 하고, 골치 아픈 고민을 계속해야 할 때보다 아무 생각도 하지 않고, 아무것도 하지 않는 것이 더 어렵다는 거. 바로 지금 5분 동안 '아무 생각도 하지 않기'를 시도해 봐. 생각보다 쉽지 않은 일이라는 걸 알게 될 거야.

그렇지만 익숙해지고 나면 바로 이 상태가 천국이 아닌가 싶은 생각이 들지도 몰라.

그럼 안녕.

046
우주탐험가 고양이
Space explorer cat

안녕, 나는 우주를 탐험하는 고양이야.
고양이 세계 주변에 있는 다른 행성들을 연구해.
우리 고양이들은 계속해서 새로운 별을
발견하고 있어. 그리고 빠짐없이 찾아가 보는데
직접 살펴보지 않고는 궁금해서 견딜 수가 없어.

나는 우주를 탐험하는 고양이야. 고양이 세계 주변에 있는 여러 다른 행성들을 연구하고 있어.

여기에서는 고양이 세계뿐만 아니라 외부 세계에 대한 연구도 활발하게 이루어지고 있어. 고양이들은 워낙 호기심이 많으니까 참 자연스러운 일이지. 만약 고양이들의 호기심이 지금보다 조금이라도 적었더라면 인간 세계를 발견할 수 없었을지도 몰라.

우리 고양이들은 계속해서 새로운 별을 발견하고 있어. 그리고 빠짐없이 찾아가 보는데 직접 찾아가서 살펴보지 않고는 도무지 궁금해서 견딜 수가 없어서 말이야.

최근에는 '개의 세계'라는 별을 발견했어. 그래 맞아, 우리 고양이들처럼 인간 세계를 경험하러 오는 그 말 많은 생명체들이 사는 세계야. 그곳에서 내가 인간 세계에 머물 때 함께 지냈던 개 두 마리를 다시 만났지 뭐야. 정말 반가웠고, 많은 대화를 나눌 수 있어서 좋았어.

고양이 세계의 고양이들과 개의 세계의 개들이 인간 세계를 경험하고 싶어서 끊임없이 방문한다는 것. 정말 신기한 일이 아닐 수 없어. 개의 세계에 대해서는 언젠가 또 이야기할 기회가 있을 거야.

호기심을 마음에 품는 것만으로도 많은 것을 할 수 있어. 그리고 호기심은 모두가 가지고 있는 본능 같은 거야. 인간 세계의 인간들도 호기심을 잘 간직하도록 해. 조언이 필요하다면 언제든 고양이들에게 도움을 청해 봐.

그럼 안녕!

047
영화배우 고양이
Movie star cat

안녕! 나는 영화배우 고양이야.
나는 고양이 세계의 영화계에서
아주 큰 성공을 거둔 스타급 영화배우야.
장르를 가리지 않고 다양한 캐릭터들을
능숙하게 연기할 수 있어.

나는 영화배우 고양이야.

고양이들은 자기 자신을 표현하는 데 매우 익숙해. 어찌 보면 고양이들이란 모두 예술가라고 할 수 있어.

나는 고양이 세계의 영화계에서 아주 큰 성공을 거둔 스타급 영화배우야. 장르를 가리지 않고 다양한 캐릭터들을 능숙하게 연기할 수 있어. 특히 명품 눈물 연기는 내 주특기야. 그 어떤 배우보다도 뛰어나지.

그렇지만 처음부터 이렇게 연기를 잘했던 것은 아니야. 피나는 연습과 수많은 실패를 경험한 끝에 비로소 지금의 수준에 이르게 되었지. 나는 단 3초 만에 눈물을 펑펑 쏟을 수 있는데, 그동안 눈물 연기 연습을 너무 많이 했던 건지 요즘은 시도 때도 없이 눈물이 나.

얼마 전부터는 활동 영역을 넓혀서 내 트레이드마크인 눈물 연기를 더욱더 돋보이게 할 영화를 직접 만들려고 준비하고 있어. 시나리오도 직접 쓰고 있는데 영화를 함께 찍겠다는 동료들을 아직 구하지 못했어…. 그렇지만 괜찮아. 함께 찍겠다는 친구들이 나타나지 않아도 나는 이 영화를 꼭 만들 거야. 혼자서라도!!

나는 이만 시나리오를 마저 쓰러 가야겠어.
왜 이렇게 눈물이 나지….

그럼 안녕….

048
옛 시대의 유럽 고양이
Medieval european cat

안녕, 나는 인간 세계의 중세 유럽을
고양이 세계에 재현하고 그 안에서
살고 있는 고양이야. 인간 세계에
여러 번 가봤는데, 중세 시대 유럽에
살았던 때가 많이 생각나.

나는 인간 세계의 중세 유럽을 고양이 세계에 재현하고 그 안에서 살고 있는 고양이야. 나는 인간 세계에 여러 번 가 보았고, 매번 다른 시대 다른 장소에 살았었는데 중세 시대 유럽에 살았던 때가 많이 생각나.

나는 어느 귀족 부인이 소중하게 아끼던 고양이였는데 정말 행복했던 경험이라 지금까지도 잊을 수가 없어. 고양이에 대한 인식이 좋지 않은 시대였는데도 불구하고 나의 인간들은 나를 진짜 가족처럼 대해 주었어. 평화롭고 편안하고 따뜻한 날들이었지.

고양이들은 인간 세계를 경험하고 돌아와서 인간 세계의 모습을 흉내 내거나 다시 살아보면서 자신의 인간들과 함께했던 추억들을 곱씹어 보곤 해. 고양이 세계에서 인간 세계와 비슷한 분위기를 자주 찾아볼 수 있는 것도 이런 이유 때문이지.

그렇지만 엄밀히 따지자면, 고양이 세계는 인간 세계와는 다른 세계야. 언젠가 인간 세계의 인간들이 고양이 세계만의 고유한 모습들을 보게 된다면 기묘하다고 느낄지도 몰라. 이곳에는 인간들은 이해할 수 없는 모습과 개념들이 많거든.

언젠가 고양이 세계의 고유한 모습들에 관해서도 이야기 나눌 수 있었으면 좋겠어.

그럼 안녕.

049
거울 고양이
Narcissistic cat

안녕, 나는 거울 고양이야.
거울 속에 비친 내 모습을 좋아하지.
아무 생각 없이 거울 앞을 지나다가도
거울 속 내 모습을 보면
마음을 빼앗기고 말아.

나는 거울 고양이야. 거울 속에 비친 내 모습을 좋아하지.
난 내가 정말 멋진 고양이라고 생각하거든.

아무 생각 없이 거울 앞을 지나다가도 거울 속 내 모습을 보면 마음을 빼앗기고 말아. 걸음을 멈추게 되고, 거울에서 눈을 뗄 수가 없어! 나는 왜 이렇게 매력이 넘치는 것일까.

인간 세계에 머물 때도 온종일 거울을 보며 시간을 보냈어. 함께 살았던 나의 인간도 내 매력에 푹 빠져서 어쩔 줄을 몰라 했지.

나는…. 무한대의 매력을 가지고 있어.

이렇게 엄청난 매력을 모르고 살았던 때가 있었다는 게 믿어지지 않아. 그렇지만 나의 매력은 내가 알아채기 전에도 내 안에 존재하고 있었어.

새롭게 만들어지거나 생겨난 것이 아니라, 처음부터 내가 가지고 있었던 거야! 달라진 것이 있다면 내가 나를 바라보는 시선뿐.

나는 맨 처음 나의 매력을 발견했던 날부터 매일 내게서 새로운 매력들을 발견해내고 있어. 이 편지를 쓰면서도 새로운 매력 한 가지를 또 발견했지 뭐야.

거울 보러 가야 할 시간이야.

그럼 안녕.

050
로봇 과학자 고양이
Robot scientist cat

안녕, 나는 로봇 과학자 고양이야.
로봇을 만들기도 하고 직접 조종하기도 하지.
요즘은 고양이들의 신체적 장점을 적용한
새로운 개념의 로봇을 개발 중이야.

나는 로봇 과학자 고양이야. 로봇을 만들기도 하고 직접 조종하기도 하지.

얼마 전까지만 해도 조종사로서 조종하는 재미가 있는 로봇들을 주로 만들었는데, 요즘은 고양이들의 신체적 장점을 적용한 새로운 개념의 로봇을 개발 중이야. 아직 공개할 수 있는 내용이 많지는 않지만, 보통 로봇들과는 다르게 아주 말랑말랑하면서 자유자재로 늘어나 형태를 바꿀 수 있는 재질로 되어 있다는 것이 특히 주목할 만한 점이야. 덕분에 높은 곳에서 떨어져도 아주 부드럽게 착지할 수 있지. 완성하고 나면 나의 로봇 과학자 묘생 최고의 역작이 될 것 같아.

그러고 보니 고양이 세계의 과학 수준만 놓고 보자면 어떤 로봇이든 만들어낼 수 있는데 고양이 세계의 로봇들은 왜 하나같이 고양이를 닮았는지…. 내가 지금까지 만들었던 로봇들도 모두 고양이를 닮았고 말이야.

왜 그런 걸까? 아마도 우리는 우리가 고양이라는 게 너무 좋은가 봐. 다음 번에는 전혀 새로운 모습의 로봇도 만들어봐야겠어.

그럼 안녕!

051
초보 마녀 고양이
Novice witch cat

안녕, 나는 초보 마녀 고양이야. 매일매일
실수를 반복하면서 마녀로서 사는 법을 배우고
있어. 우리는 초심자 시기를 좋아해.
서툴고 모르는 것투성이지만 익숙하지 않은
상태의 긴장감을 즐긴다고나 할까?

나는 초보 마녀 고양이야.

오랫동안 다른 삶을 경험하다가 마녀의 삶을 살기 시작한 지는 얼마 되지 않았어. 매일매일 실수를 반복하면서 마녀로서 사는 법을 배우고 있어.

고양이 세계의 고양이들은 고차원의 존재들이지만, 우리에게도 초심자의 시기가 있어. 익숙하지 않은 것들을 처음 접할 때는 어려움을 경험하기도 하지. 그렇지만 우리는 초심자 시기를 좋아해. 서툴고 모르는 것 투성이지만 익숙하지 않은 상태의 긴장감을 즐긴다고나 할까? 새롭게 배워야 할 것이 더 많은 시기, 실수를 해도 괜찮은 시기 말이야.

고양이들은 새로운 무언가를 끊임없이 경험하고 싶어 하고, 익숙하지 않은 상태를 불안해하지 않아!

하는 일마다 실수투성이에, 모든 것이 어렵게만 느껴지지만, 익숙해지고 나면 다시 경험해 볼 수 없는 특별한 순간들이야.

인간 세계 인간들도 초심자의 시기를 즐길 수 있기를 바래.

그럼 안녕!

052
큐피트 고양이
Cupid cat

안녕! 나는 큐피트 고양이야.
고양이 세계의 고양이들은 사랑이 가득한
존재들이야. 나는 사랑의 에너지를 증폭시켜주는
화살을 쏘아서 고양이들이 더 많이
사랑하며 살 수 있도록 돕고 있어.

나는 큐피트 고양이야.

고양이 세계의 고양이들은 사랑이 가득한 존재들이야. 인간 세계의 인간들도 고양이와 함께 살아본 적이 있다면 아마 다들 공감할 거라고 생각해. 나는 사랑의 에너지를 증폭시켜주는 화살을 쏘아서 고양이들이 더 많이 사랑하며 살 수 있도록 돕고 있어.

인간 세계에 머물렀던 때에도 수많은 인간을 사랑으로 연결해 주었지. 내가 쏜 사랑의 화살을 맞은 인간들이 얼마나 많았는지 셀 수도 없어. 그리고 그들이 만들어낸 러브스토리도 저마다 특별하고 아름다웠어….

다른 이들이 가진 사랑의 에너지를 더 크게 만들어 주는 일은 나에게도 큰 기쁨이야!

사랑의 감정을 잃어버린 인간들을 도와주기 위해 조만간 인간 세계에 다시 방문할 생각이야. 이번엔 또 어떤 러브스토리들을 듣게 될까? 벌써 기대돼!

그럼 안녕!

053
집사 고양이
Butler cat

안녕, 나는 고양이 세계 북쪽 나라에서 거대한
성을 관리하는 고양이야. 이 건물은 거대한
규모도 규모지만 고양이 세계의 고양이들에게
매우 특별한 의미가 있는 건물이어서 오래도록 잘
보존되길 바라며 관리하는 일을 자청하게 되었어.

나는 고양이 세계 북쪽 나라에서 거대한 성을 관리하는 고양이야.

이 건물은 거대한 규모도 규모지만 고양이 세계의 고양이들에게 매우 특별한 의미가 있는 건물이어서 오래도록 잘 보존되길 바라며 관리하는 일을 자청하게 되었어. 나 말고도 여러 고양이가 이 일을 함께하고 있지.

인간 세계의 집사라는 직업과 비슷한 역할을 하는 걸까? 인간 세계 인간들이 고양이의 시중을 드는 것처럼 우리가 다른 고양이를 돌보지는 않지만 말이야. 그래도 오늘은 인간들에게 편지를 쓰는 날이니 인간 세계의 집사가 된 것처럼 상상해 보려고 해.

인간 세계의 인간들은 어째서 자신들을 '집사'라고 부르면서까지 고양이들에게 정성을 다하는 걸까? 혹시 생각해 본 적 있어? 사실 그건 모두 고양이의 능력이야.

우리는 인간 세계에 방문하기 전에 함께 살고 싶은 인간을 미리 선택하거든. 그리고 인간 세계로 가서 우리가 선택한 인간들이 우리에게 푹 빠지도록 신비한 능력을 발휘하는 거야. 고양이들은 고양이의 감정이 인간들과 연결되어 있다는 것을 알기 때문에 우리가 느끼는 감정과 사랑의 에너지를 인간들에게 전달하고 다시 돌려받는 일을 반복해. 인간들도 그들의 감정을 우리에게 되돌려 주면서 사랑이란 감정은 무한하다는 것을 깨닫게 되지. 특히 고양이에 대한 사랑 말이야. 결국, 고양이의 매력에 푹 빠져서 헤어나올 수 없게 되는 거야.

안타깝게도 인간 세계로 가는 과정에서 가끔 알 수 없는 문제가 생겨서 고양이를 싫어하는 사람들을 만나게 될 때도 있고, 인간 세계에서 계획했던 기간만큼 머물지 못하고 돌아오는 고양이들도 있지만 말이야.

인간들은 눈치채지 못하고 있겠지만, 고양이들은 지금도 인간 세계의 인간들에게 다양한 에너지를 끊임없이 보내고 있어. 언젠가 모든 인간이 고양이를 사랑하게 될 거야.

그럼 안녕!

054
기자 고양이
Reporter cat

안녕, 나는 기자 고양이야.
특종을 잡기 위해서라면 아무리 어려운
상황이 닥쳐도 조금의 망설임도 없이
한달음에 달려가 집요하게 취재하고
뉴스를 전하는 일을 하고 있어.

나는 기자 고양이야. 특종을 잡기 위해서라면 아무리 어려운 상황이 닥쳐도 조금의 망설임도 없이 한달음에 달려가 집요하게 취재하고 뉴스를 전하는 일을 하고 있어.

고양이 세계에도 크고 작은 일들이 계속해서 일어나고 있어. 새로운 기술의 발명, 다른 별 생명체들과의 역사적 만남, 그리고 이상 기후 현상들도 빼놓을 수 없는 뉴스거리지. 얼마 전에는 어마어마한 폭우가 쏟아지는 지역에서 취재를 했는데 정말로 힘든 날이었어.

고양이 세계 고양이들은 늘 의욕이 넘치고 새로움을 발견하기 위해 끊임없이 도전하기 때문에 상상하기 어려운 신기한 일들도 종종 발생해. 취재를 하면서도 이게 정말 현실에서 일어난 일인가 싶을 때가 있다니까?

인간 세계에 머물다가 고양이 세계로 이제 막 돌아온 고양이들을 인터뷰하는 일도 무척 흥미로워. 인간 세계 이야기는 언제 들어도 흥미진진

하고 재미있어. 고양이 세계 고양이들은 다들 한 번씩은 인간 세계에 머물다 오기 때문에 모두 인간 세계의 소식을 궁금해해. 이 인터뷰들을 모아서 곧 책으로도 만들어 볼 생각이야.

그 책을 인간들도 볼 수 있다면 고양이들의 눈에 비친 인간 세계가 어떤 모습인지 알 수 있을 텐데 말이야.

그럼 안녕!

055
여행자 고양이
Traveler cat

안녕, 나는 여행자 고양이야!
고양이 세계 곳곳을 둘러보며 각 지역의
문화를 경험하고 있어. 어떤 곳에 여행을
가면 그곳에서 얼마 동안 살아보곤 해.
그들의 방식대로 똑같이 살아보는 거지.

나는 여행자 고양이야! 고양이 세계 곳곳을 둘러보며 각 지역의 문화를 경험하고 있어.

어떤 곳에 여행을 가면 나는 꼭 그곳에서 얼마 동안 살아보곤 해. 그들의 방식대로 똑같이 살아보는 거지. 그들처럼 생각해 보는 것도 재미있고, 그들의 눈으로 세상을 바라보는 것도 흥미로워.

얼마 전에 여행했던 나라에는 보통 고양이들보다 잠을 훨씬 적게 자는 고양이들이 살고 있었는데 그곳에서의 생활은 정말 힘들었어. 나는 잠이 무척 많거든. 그래도 그들이 깨어 있는 동안 무얼 하는지 옆에서 지켜보는 일은 신기한 경험이었어. 그들은 악기를 연주하며 노래를 부르고 밤새도록 춤을 추면서 시간을 보냈어. 잠자는 것보다 마을 고양이들과 함께 어울려 노는 것을 더 좋아하는 고양이들이었지. 나도 그들과 함께 어울리며 그들의 악기와 노래, 춤을 배울 수 있었어. 그리고 그곳에 다녀온 뒤 나는 잠이 더 많아졌어.

나는 이렇게 새로운 곳을 여행하는 걸 좋아해서 인간 세계에도 여행하는 기분으로 여러 번 갔다 왔어. 늘 모험심이 발동해서 갈 때마다 새로운 곳에서만 살았지. 때로는 어려움도 있었고 하마터면 나쁜 일을 당할 뻔한 적도 있었지만, 내 선택을 후회했던 적은 없어. 좋은 것이든, 나쁜 것이든 모두 지금의 나를 만들어준 의미 있는 경험이었다고 생각해.

그럼 나는 이만 자러 가야겠어.

안녕!

056
초콜릿 고양이
Chocolate cat

안녕, 나는 초콜릿 고양이야. 초콜릿을 너무
좋아해서 초콜릿 고양이라고 소개해 보았어.
얼마 전에는 초콜릿으로 집도 지었지!
벽에 붙어 있는 초콜릿을 떼먹고, 다시 새로운
초콜릿을 붙이고, 또 먹고, 또 붙이고 있어.

나는 초콜릿 고양이야. 초콜릿을 너무 좋아해서 초콜릿 고양이라고 소개해 보았어.

어느 날 우연히 처음 보는 초콜릿 가게에 들어가 초콜릿을 사 먹었는데 작은 초콜릿 하나를 입에 넣고 깨무는 순간, 내 눈앞에 보이는 모든 물체가 초콜릿으로 변했어. 그만큼 환상적인 맛이었지. 전에도 초콜릿을 먹어본 적이 아주 많았는데, 왜 그날 먹은 초콜릿은 그렇게 특별한 맛이었을까? 그날따라 그 맛이 왜 그렇게 좋았을까? 처음 느껴보는 맛이었어.

그날부터 나는 초콜릿 고양이가 되었어. 얼마 전에는 초콜릿으로 집도 지었지! 초콜릿 집. 벽에 붙어 있는 초콜릿을 떼먹고, 다시 새로운 초콜릿을 붙이고, 또 먹고, 또 붙이고, 또 먹고, 또 붙이고 있어. 지금 내 삶은 초콜릿 그 자체야.

좋아하는 것에 푹 빠져 산다는 건 정말 행복한 일이야. 내가 좋아하는 것이 무엇인지 찾는 일이 쉽지만은 않지만 말이야.

나도 초콜릿을 만나기 전까지 이런저런 다양한 일들을 많이 했었는데 나름대로 꽤 만족하면서 살았거든. 그런데 초콜릿 고양이가 된 후 모든 것이 달라졌어. 내가 그때까지 느꼈던 만족감은 모두 허상이었다는 것을 깨달았지.

나는 오늘도 초콜릿과 함께 행복한 하루를 보낼 거야. 인간 세계의 인간들도 모두 자신만의 초콜릿을 만나게 되길.

그럼 안녕!

057
드워프 고양이
Dwarf cat

안녕, 나는 고양이 세계에서 드워프의 삶을
살고 있는 고양이야. 처음엔 매일매일이 그저
새롭고 재미있었어. 그렇지만 금방 환상이
깨졌지 뭐야? 특히 늘 들고 다녀야 하는 도끼가
너무 무겁고 귀찮아!

나는 고양이 세계에서 드워프의 삶을 살고 있는 고양이야.

인간 세계에 머물 때 나와 함께 살았던 인간이 늘 판타지 소설을 읽었는데 나와 눈이 마주칠 때마다 그 소설 속에 등장하는 캐릭터와 내가 꼭 닮았다면서 무척 신기해했어. 너무 궁금해서 나의 인간이 집을 비웠을 때 그 소설들을 읽어 보았는데 정말로 그들의 외모나 성격이 나와 닮은 것 같더라고. 그래서 흥미를 느끼기 시작했고 고양이 세계로 돌아와 인간 세계의 판타지 소설 속 드워프의 삶을 살기 시작했어!

처음엔 매일매일이 그저 새롭고 재미있었어. 그렇지만 금방 환상이 깨졌지 뭐야? 과연 내가 이 삶을 얼마나 더 오래 경험할 수 있을지 잘 모르겠어.

특히, 늘 들고 다녀야 하는 도끼가 너무 무겁고 귀찮아!

게다가 난 원래 무척 게으른 고양이인데 드워프들은 게으른 삶을 살지 않았던 것 같아….

난 괜찮아. 조만간 게으름을 마음껏 즐길 수 있는, 나에게 딱 맞는 삶을 새로 시작할 거니까.

그럼 안녕!

058
궁수 고양이
Archer cat

안녕, 나는 궁수 고양이야.
나는 활쏘기를 정말 좋아해. 마음을
온전히 한 점에 집중시켜 화살을
쏘아 맞히는 과정이 정말 좋아.
나의 에너지가 화살을 타고 날아가지.

나는 궁수 고양이야.

나는 활쏘기를 정말 좋아해. 마음을 온전히 한 점에 집중시켜 화살을 쏘아 맞히는 과정이 정말 좋아. 나의 에너지가 화살을 타고 날아가지.

화살이 날아가서 과녁을 맞히는 것은 찰나의 순간 같지만, 화살의 차원에서 보면 결코 짧은 순간이 아니라는 것을 알 수 있어. 그 시간은 매우 길고 화살은 아주 천천히 날아가지. 내가 실려 보낸 에너지와 감정이 화살 끝에서 회오리를 만들며 날아가는데 그 과정을 빠짐없이 보고 느끼면서도 서두르지 않아도 될 만큼 긴 시간이야.

우리의 1초는 얼마나 긴 시간일까? 시간에 대해서 다시 한번 생각해 보지 않을 수 없어. 짧은 시간과 긴 시간의 차이는 무엇일까? 우리는 정말로 모두 다 같은 길이의 시간을 살고 있는 것일까?

고양이들은 순간을 영원처럼 살 수도 있고, 영원을 순간처럼 살 수도 있다는 것을 알아. 고양이 세계의 고양이들은 순간을 영원처럼 살기 때문에 영원히 살 수 있어. 영원이라는 시간도 그리 특별한 개념이 아니고 말이야.

언젠가 인간들이 고양이 세계에 방문한다면 시간에 관해 이야기를 나누어 보고 싶어. 꼭 한번 놀러 와.

그럼 안녕!

059
정복자 고양이
Conqueror cat

안녕, 나는 정복자 고양이야!
인간 세계에 머물 때 접했던 정복자들의
이미지, 그 모습을 흉내 내보고 있어.
내가 정복자가 되었다고 상상하면
너무 좋아서 심장이 두근거릴 정도야.

나는 정복자 고양이야!

사실 고양이 세계에는 정복해야 할 대상이 없어. 그래서 진짜 정복자의 삶을 살고 있는 것은 아니야. 인간 세계에 머물 때 접했던 정복자들의 이미지, 그 모습을 흉내 내보고 있어. 내가 정복자가 되었다고 상상하면 너무 좋아서 심장이 두근거릴 정도야.

얼마 전부터는 정복자들이 입을 만한 옷을 만들어 보고 있는데, 그렇게 만든 옷들이 벌써 수십 벌이야. 이렇게 근사한 옷을 입으면 정복자가 된 것 같은 기분을 더욱 생생하게 느낄 수 있어.

이 옷을 입고 밖에 나가면, 어린 고양이들도 무척 즐거워해! 기념촬영도 하고, 말도 같이 타보고, 인간 세계에서 보았던 정복자들에 대해 이야기도 해 주고 말이야.

아무튼, 인간 세계에서의 경험이 고양이 세계에도 많은 영향을 미치고 있어. 고양이 세계로 돌아온 지 얼마 안 된 고양이들은 꼭 이렇게 인간 세계의 삶을 흉내 내본다니까.

고양이들도 인간들에게 많은 영향을 미치고 있어? 고양이와 함께 사는 인간들에게 고양이는 어떤 존재야? 언젠가 다시 만나게 되면 꼭 이야기해 줘.

그럼 안녕!

060
조선 시대에 사는 또 다른 고양이
Another cat living in the Joseon dynasty

안녕, 나는 조선 시대에 살고 있는 또 다른
고양이야. 내가 원하는 경험은 과거시험에
급제해서 금의환향하는 경험이야. 그래서
계속해서 과거시험에 도전하고 있는데,
번번이 낙방하고 있어….

나는 조선 시대에 살고 있는 또 다른 고양이야. 내가 원하는 경험은 과거 시험에 급제해서 금의환향하는 경험이야. 그래서 계속해서 과거시험에 도전하고 있는데, 번번이 낙방하고 있어….

왜!
어째서!
과거시험은 이렇게 어려운 거야?
뭘 어떻게 써야 할지 도무지 아무 생각도 떠오르지 않아….
이번 시험에서도 한 글자도 쓰지 못했어.

그래, 어쩌면 과거시험에 급제하고 금의환향하는 경험을 하기 전에 글 공부에 파묻혀 사는 경험을 먼저 해야 하는 것일까? 그렇지만 공부를 하고 싶지는 않은걸…. 어쩌면 과거시험에 급제하고 금의환향하는 경험의 감동을 극대화하기 위해 내 삶이 이런 식으로 흘러가고 있는 것인지도 몰라.

앞으로 얼마나 많은 시험을 더 봐야 하는 것일까? 어째서 낙방하는 경험만 반복하는 것일까? 혹시 내가 원하는 게 이게 아닌 건가? 정말 모르겠어. 장원급제를 향해 쉴 새 없이 달려왔는데…. 이렇게 예상 밖의 상황만 반복되면, 고양이 세계의 고양이들도 어쩔 수 없이 조급한 마음이 들기도 해.

그렇지만 이런 경험도 괜찮다고 생각해. 늘 좋은 일만 있으면 정말 좋은 것도 좋다고 느끼지 못하게 되니 말이야. 어쩌면 이번 삶을 잘 살기 위해 실패의 경험이 꼭 필요한 것인지도 모르지.

이 삶을 마무리할 때가 되면 지금 이 상황들이 어떤 의미인지 더 깊이 생각해 볼 수 있을 거야.

그럼 안녕!

061
서커스 고양이
Circus cat

안녕, 나는 서커스 고양이야.
하루도 거르지 않고 다양한 서커스 묘기들을
연습하고 있어. 고양이들은 몸이 무척 유연해.
우리는 우리 몸의 장점을 활용해서 다채롭고
아름다운 묘기들을 만들어내고 있어!

나는 서커스 고양이야. 하루도 거르지 않고 다양한 서커스 묘기들을 연습하고 있어.

고양이들은 몸이 무척 유연해. 고양이와 함께 살고 있다면 이미 알고 있겠지? 우리는 우리 몸의 장점을 활용해서 다채롭고 아름다운 묘기들을 만들어내고 있어!

나의 주특기는 저글링이야. 링을 3개부터 무려 100개까지도 다루는데, 링들이 내 손에만 들어오면 살아 숨쉬기 시작해.

나는 인간 세계에 방문하기 전에도 서커스를 했었고 다녀온 후에도 변함없이 서커스를 하고 있는데, 너무 몰입했는지 인간 세계에 살 때도 나도 모르게 서커스 묘기를 펼치곤 했어. 높은 곳에서 뛰어내리면서 공중제비를 돈다든지, 앞구르기와 뒤구르기를 하면서 방바닥을 굴러다닌다든지, 공놀이를 하다가 갑자기 저글링을 시도한다든지 말이야. 그럴 때마다 함께 살았던 인간들의 눈이 휘둥그레지곤 했었지. 인간 세계에 머물 땐 인간들을 놀라게 하는 행동은 되도록 하지 말아야 하는데…. 본능은 어쩔 수 없나 봐.

고양이들이 이해할 수 없는 행동을 하더라도 너무 놀라지 마! 대부분 고양이 세계에 살던 때의 습관이니까 이해해 주면 좋겠어.

그럼 안녕!

062
병아리 감별사 고양이
Chick health check cat

안녕! 나는 병아리 감별사 고양이야.
우리는 태어난 지 얼마 되지 않은
어린 병아리들의 건강을 체크하는 일을 해.
갓 태어난 병아리들은 너무나 작고 약해서
쉽게 위험에 처할 수 있거든.

나는 병아리 감별사 고양이야. 고양이 세계의 병아리 감별사는 인간 세계의 병아리 감별사들처럼 병아리의 성별을 구분하는 일을 하지는 않아. 우리는 태어난 지 얼마 되지 않은 어린 병아리들의 건강을 체크하는 일을 해. 갓 태어난 병아리들은 너무나 작고 약해서 자칫 잘못하면 병을 발견하지도 못하고 쉽게 위험에 처할 수 있거든.

고양이 세계의 병아리들은 닭으로 자라지 않고 아기 병아리에서 아주 조금 더 자란 후 살이 좀 오르고 나면, 평생을 그 모습 그대로 노란 병아리로 살아. 어린 병아리들은 정말로 약한 존재들이지만 우리가 그들의 아픈 곳을 찾아내 치료해 주고 나면 고양이들과 마찬가지로 죽지 않고 영원히 살게 돼.

우리는 고양이이고 우리가 살고 있는 이곳을 고양이 세계라고 부르지만 엄밀히 따지면 그건 맞지 않는 표현이야. 고양이 세계에는 고양이들뿐만 아니라 다른 다양한 생명체들도 많이 살고 있으니 말이야. 고양이 세계 남쪽에는 병아리들과 고양이들이 함께 어울려 사는 나라도 있어.

이곳에 살고 있는 생명체들은 모두 고양이들처럼 영원히 살아. 혹시나 언젠가 이곳이 포화상태가 되지 않을까 걱정하는 인간들도 있을 것 같아.

그렇지만 고양이 세계의 공간 개념은 인간 세계의 그것과는 달라. 우리의 공간은 무한대의 공간이거든. 우리가 좁다고 생각하는 공간은 좁고, 넓다고 생각하는 공간은 넓어. 고양이들과 고양이 세계에 살고 있는 생명체들은 모두 우리가 살고 있는 이곳이 충분히 넓다고 생각해. 실제로도 충분히 넓고. 지금까지 단 한 번도 좁다고 느껴본 적이 없어. 신기한 일이지.

우리가 어떤 공간에 대해 '이곳은 넓다'라고 하면, 그 공간 스스로 필요할 때마다 계속해서 여분의 공간을 만들어내면서 넓은 상태를 유지하는 거야. 고양이 세계의 공간은 물리적인 것이기도 하고, 또 한편으로는 물리적이지 않은 것이기도 해. 인간의 언어로 어떻게 설명해야 할지 모르겠지만 말이야.

인간 세계의 인간들이 고양이 세계의 언어를 이해할 수 있다면 얼마나 좋을까? 고양이들은 인간의 언어를 모두 이해할 수 있는데 말이야. 다음에 또 인간 세계에 가게 되면 나의 인간들에게 고양이 언어를 가르쳐 주어야겠어.

그럼 안녕!

063
바리스타 고양이
Barista cat

안녕! 나는 커피를 사랑하는 고양이야.
커피의 맛과 향은 정말로 아름다워.
나는 커피를 내릴 때마다 눈물이 나.
너무나 감동적이거든.

나는 커피를 사랑하는 고양이야.

커피의 맛과 향은 정말로 아름다워. 나는 커피를 내릴 때마다 눈물이 나. 너무나 감동적이거든. 커피에 관해 이야기를 하려니 또 눈물이 나는 걸 참을 수가 없어.

커피에 대한 나의 사랑이 커피 맛에도 영향을 주는 건지 먼 곳에 살고 있는 고양이들도 내 커피를 맛보기 위해 찾아오곤 해. 커피를 좋아하는 고양이라면 나를 모르는 고양이가 없을 정도야.

내 커피를 맛본 고양이들의 이야기를 들어보면, 커피를 입에 머금은 그 순간부터 커피 한 잔을 다 마실 때까지 주변의 소음이 하나도 들리지 않을 만큼 깊은 맛이라고 해. 그리고 커피를 마시는 동안에는 그들의 의식이 완전한 자유를 얻은 것처럼 느껴진다고 해. 정말 특별한 커피는 그런 것이야. 커피의 맛과 향 뒤에 숨겨진 특별한 무언가가 있지.

내가 만든 커피의 맛을 상상하다 보니 너무 감동적이어서 눈물이 멈추지 않아. 더 이상 못쓰겠어. 인간 세계의 인간들도 평생 기억에 남을 만한 커피 한 잔 마셔볼 기회가 있기를 바래….

그럼 안녕….

064
추운 곳에 사는 고양이
Cat living in a cold place

안녕, 나는 고양이 세계에서 가장 추운
지역에 살고 있는 고양이야. 불편한 점도
조금 있지만 나름대로 만족하며 살고 있어.
추운 곳에 오니까 전에는 당연했던
따뜻함이 더 소중하게 느껴져.

나는 고양이 세계에서 가장 추운 지역에 살고 있는 고양이야.

이 삶을 살기 전에는 꽤 오랫동안 따뜻한 지역에서만 살았었는데 변화를 주기 위해 추운 곳으로 왔어. 불편한 점도 조금 있지만 나름대로 만족하며 살고 있어. 추운 곳에 오니까 전에는 당연했던 따뜻함이 더 소중하게 느껴져.

고양이들은 우리 앞에 놓인 어떤 상황이나 현상에 대해 '좋다' 혹은 '나쁘다'로 정의 내리지 않아. 그런 것은 부자연스럽다고 생각해. 기쁨을 느끼기 위해서는 슬픔을 느낄 수 있어야 하고, 즐거움을 느끼려면 지루함이 어떤 건지 알아야 하고, 웃음을 알려면 울음에 대해서도 알아야 하는 거니까. 고양이들은 슬픔에서 기쁨을 발견하고, 불안 속에서 기분 좋은 설렘을 찾기도 해.

고양이 세계의 고양이들은 다양한 삶을 경험하면서 그 다양한 삶 속의 상황들이 모두 의미 있다는 것, 피해야 하는 해로운 감정은 존재하지 않는다는 것을 몸소 체험하고 있어. 가끔 이곳이 너무 추워서 따뜻한 곳에서 살던 때가 그립기도 하지만 한편으로는 춥다고 느낄 수 있는 사실이 참 좋아.

우리는 우리가 지금 느끼고 있는 기분이나 감정에 대해 좋고 나쁨을 판단하기 전에 좀 더 정확히 들여다볼 필요가 있어.

그럼 안녕!

065
통조림을 만드는 고양이
Canned foods producer cat

안녕, 나는 통조림을 만드는 고양이야.
인간 세계에서 고양이 세계로 돌아와서
나만의 통조림 레시피를 개발하기 시작했지.
인간 세계에서 통조림을 경험해 본
고양이라면 모두가 내가 만든 통조림을 찾아.

나는 통조림을 만드는 고양이야.

인간 세계에 머물면서 가장 충격적이었던 것은 인간들이 만든 고양이 음식들, 그중에서도 통조림이었어. 통조림의 감칠맛!

너무너무 맛있어서 통조림 먹는 날만 기다리면서 하루하루를 보냈던 것 같아. 그 맛을 잊지 못하고 고양이 세계에 돌아온 후에 나만의 통조림 레시피를 개발하기 시작했지.

지금은 그 종류만 해도 수백 가지가 넘고, 인간 세계에서 통조림을 경험해 본 고양이라면 모두가 내가 만든 통조림을 찾아. 인간 세계의 통조림이 입에 별로 맞지 않았다는 고양이들도 내가 만든 통조림은 다들 맛있다고 해. 인간들은 고양이들의 입맛을 알 수 없으니까 우리가 어떤 맛을 정말로 좋아하는지 알아내기 어려웠을 거야. 그래도 제법 맛있는 고양이 음식들을 만들어낸 것에 대해서는 칭찬해 주고 싶어. 물론 지금 내가 만들고 있는 통조림들과는 비교할 수 없는 수준이지만 말이야….

내가 만든 통조림들은 골고루 인기가 많지만, 그중에서도 '푸른색 파도의 맛', '그루밍을 끝낼 때의 맛', '낮잠의 맛' 등이 인기가 많아. 그 밖에도 다양한 맛들을 끊임없이 연구하고 개발하고 있어.

인간 세계에서도 더 맛있는 고양이 통조림을 맛볼 수 있는 날을 기대할게.

그럼 안녕!

066
감옥을 경험하는 고양이
Cat experiencing prison

안녕, 나는 감옥에서의 삶을 경험하고 있는
고양이야. 죄를 지어서 이곳에 오게 된 건 아니고
혼자만의 시간이 필요해서 오게 되었어.
마음이 복잡해지거나 생각이 많아질 때 종종
이곳에 와서 며칠씩 시간을 보내곤 했었어.

나는 감옥에서의 삶을 경험하고 있는 고양이야. 나쁜 짓을 저지르거나 죄를 지어서 이곳에 오게 된 건 아니고 혼자만의 시간이 필요해서 오게 되었어.

고양이 세계에서 감옥은 오롯이 자기 자신과의 시간을 즐길 줄 아는 고양이들이 제일 좋아하는 휴식 장소이기도 해. 나도 마음이 복잡해지거나 생각이 많아질 때 종종 이곳에 와서 며칠씩 시간을 보내곤 했었어. 마음에 쌓인 먼지 같은 것들을 깨끗이 정리하고 일상생활로 돌아가곤 했지.

이번에는 조금 더 긴 시간 동안 혼자만의 시간을 가져볼 생각이야. 내 안에 존재하는 수많은 나와 만나는 시간이야. 그들의 이야기에 진심으로 귀 기울여볼 거야.

우리는 우리 자신을 잘 안다고 생각하지만, 내가 생각하는 나와 진짜 나는 완전히 다르다고 느껴질 때가 있어. 오늘의 나를 이해했어도 또 다른 날의 나를 이해할 수 없을 때도 있고…. 우리는 우리가 일관된 기준으로 무언가를 선택하거나 판단한다고 생각하지만, 이것 또한 진실이 아니야.

아이러니하게도 가장 진지하게 탐구해야 하는 대상이 바로 나 자신이야. 어쩌면 나와 가장 덜 친한 존재가 바로 나일지도 몰라. 이번 기회에 조금이라도 더 가까워지도록 노력해 봐야지.

인간 세계의 인간들도 자기 자신과 더 많이 친해질 수 있기를 바래.

그럼 안녕!

067
페인트를 칠하는 고양이
Paint expert cat

안녕, 나는 페인트칠 전문가 고양이야.
페인트칠뿐만 아니라 집을 꾸미거나 고치는
일도 내가 정말 좋아하는 일이야.
우리 마을에는 내 손을 거치지 않은 집이
없을 정도로 다들 내 솜씨를 무척 좋아해.

나는 페인트칠 전문가 고양이야. 페인트칠뿐만 아니라 집을 꾸미거나 고치는 일도 내가 정말 좋아하는 일이야.

집이란 우리가 많은 시간을 보내는 장소이기도 하지만, 무엇보다 가장 솔직해질 수 있고 제일 편하게 마음을 내려놓을 수 있는 곳이기 때문에 정말로 중요한 공간이야. 집이 달라지면 우리 마음까지도 달라질 수 있어. 그래서 나는 어떤 집에서 작업하든 늘 내 집인 것처럼 작업해.

나는 페인트의 색을 그대로 쓰지 않고 여러 가지 색들을 조합해서 새로운 색을 만들어내곤 하는데, 마음에 쏙 드는 색을 찾기 위한 과정이라고 할 수 있어. 내 마음을 움직이지 못하는 색으로는 페인트칠을 시작할 수 없거든.

내가 살고 있는 곳은 작은 마을이지만, 우리 마을에는 내 손을 거치지 않은 집이 한 채도 없을 정도로 다들 내 솜씨를 무척 좋아해. 계절이

바뀔 때마다 새로운 색으로 다시 칠해달라는 고양이들이 있을 정도야!

우리 마을에 오면 내 페인트칠 솜씨를 직접 확인할 수 있을 거야. 언젠가 고양이 세계에 오게 된다면 꼭 한번 들러줘.

그럼 안녕!

068
빨간 모자 고양이
Red hat cat

안녕, 나는 동화 속에 살고 있는 고양이야.
인간 세계에 머물던 시절에 빨간 모자를 쓴
어린이가 나오는 동화를 읽은 적이 있는데
그 이야기에 등장하는 아이가 겪었던
상황들을 경험해 보고 있어.

나는 동화 속에 살고 있는 고양이야.

인간 세계에 머물던 시절에 빨간 모자를 쓴 어린이가 나오는 동화를 읽은 적이 있는데 그 이야기에 등장하는 아이가 겪었던 상황들을 경험해 보고 있어. 그다지 평화롭지 않은 사건들의 연속이지만 한 번쯤은 이런 특이한 경험을 해 보고 싶었어.

매일매일 두려움을 안고 늑대를 만나야 하는 똑같은 상황을 오늘로써 30일째 겪고 있는데, 매일 다른 행동으로 대처해 보고 있어. 내가 매일 똑같은 반응을 보이면 동화 속에서 '나쁜 늑대' 역할을 맡고 있는 늑대도 지루하지 않을까 싶어서 말이야. 아무튼, 이 교활한 늑대가 무엇인가 깨닫고, 이 뒤숭숭한 분위기의 숲에 평화가 찾아들면 이 경험을 끝내고 다시 일상으로 돌아갈 생각이야.

물론 늑대의 행동을 무조건 비난하는 것은 아니야. 늑대도 늑대 나름대로 그럴 만한 이유가 있기 때문에 그렇게 행동할 수밖에 없었을 거라고 생각해. 단지 나는 이 동화가 다른 방향으로 흐르면 어떨까 하고 이렇게 저렇게 시도해 보고 있는 거야. 늑대가 나의 할머니를 괴롭히기 전에 색다른 상황들이 벌어진다면 재미있을 것 같아. 늑대의 생각이 바뀌어서 다른 동물들을 잡아먹는 일을 그만두게 된다면 어떨까?

오늘은 맛있는 음식들을 잔뜩 만들어서 두 손 가득 들고 늑대를 만나러 갈 거야. 늑대가 이 음식들을 먹고 나면 배가 불러서 누군가를 잡아먹으려는 행동 대신 다른 행동을 하게 되겠지. 어떤 행동을 하게 될까?

자, 나는 이만 가봐야겠어! 언젠가 기회가 된다면 이 삶에서 경험한 일들에 대해 자세히 이야기해 줄게.

그럼 안녕!

069
낚시꾼 고양이
Angler cat

안녕, 나는 낚시꾼 고양이야.
고양이 세계에서 제일 낚시를 잘하는 고양이!
작은 낚싯대 하나만 있으면
엄청나게 큰 물고기들도 낚을 수 있어.

나는 낚시꾼 고양이야. 고양이 세계에서 제일 낚시를 잘하는 고양이! 작은 낚싯대 하나만 있으면 엄청나게 큰 물고기들도 낚을 수 있어.

하지만 낚시로 잡은 물고기들을 먹지는 않아. 곧바로 물로 돌려보내지. 물고기를 먹고 싶어서 낚시를 하는 게 아니거든.

나는 배를 타고 제법 멀리까지 나가서 밤낚시를 하곤 하는데 아무도 없는 곳에서 깨끗한 공기를 느끼며 나만의 시간을 가질 수 있다는 점이 정말 좋아. 나 자신을 투명하게 들여다볼 수 있지. 이렇게 주기적으로 혼자만의 시간을 보내는 건 무척 중요해.

밤 동안 이런저런 생각을 하다가 새벽이 되어 조금씩 주변이 밝아지면 말로는 설명할 수 없는 묘한 감정이 느껴져. 마치 한 번도 가본 적 없는 차원으로 걸어 들어가는 듯한 기분이야.

인간 세계 인간들도 기회가 된다면 낚시를 해 봐. 차가운 새벽 공기를 느껴봐! 새로운 나를 발견하게 될 거야.

그럼 안녕!

070
자객 고양이
Assassin cat

안녕, 나는 자객의 삶을 살고 있는 고양이야.
인간 세계에 머물 때 TV 드라마에서 본
옛 시대의 자객들이 너무나 멋져 보여서
고양이 세계로 돌아와 자객이 되었는데
잘 선택한 삶인지는 모르겠어.

나는 자객의 삶을 살고 있는 고양이야.

인간 세계에 머물 때 TV 드라마에서 본 옛 시대의 자객들이 너무나 멋져 보여서 고양이 세계로 돌아와 자객이 되었는데, 잘 선택한 삶인지는 모르겠어.

늘 새로운 임무를 부여받지만, 나는 워낙 생각이 많고 겁도 많아서 한 번도 성공한 적이 없어. 적을 코앞에 두고서도 번번이 놓치기 일쑤인 데다 쉬운 상대를 만나도 너무 무서워서 어떤 행동을 해야 할지 망설이게 돼.

적을 마주하면 갑자기 시야가 좁아지면서 주변이 컴컴해지고 무거운 생각들로 머릿속이 복잡해져. 내가 정말 이래도 되는 걸까, 적을 혼내주고 나면 어떻게 되는 것일까, 내가 지금 여기서 뭘 하는 거지, 내가 원했던 삶이 정말 이런 것인가 등등. 생각들을 따라가다 보면 내가 해야 하는 일이 무엇인지 잊어버리고 말아. 정신을 차려보면 적은 어디론가 가버리고 나만 혼자 서 있지.

나는 정말 모르겠어. 내가 지금 무얼 하고 있는 건지. 적은 왜 적인지, 적은 나쁜 고양이인 건지, 내가 적들을 혼내주는 것이 정말 괜찮은 건지. 무엇 때문에 적을 혼내주어야 하는 건지….

아무래도 안 되겠어. 생각을 글로 적어보니 이제는 확실히 알 것 같아. 이건 내가 원했던 경험이 아니야!!! 다른 삶을 시작해야겠어.

읽어줘서 고마워.
그럼 안녕!

071
슈퍼 히어로 고양이맨
Superhero catman

안녕, 나는 슈퍼 히어로 고양이맨이야!
고양이 세계는 늘 평화롭지만, 그 평화를
유지하는 데는 많은 고양이의 노력이 필요해.
그중에서도 나와 같은 슈퍼 히어로
고양이들이 큰 역할을 하고 있지.

나는 슈퍼 히어로 고양이맨이야! 고양이 세계는 늘 평화롭지만, 그 평화를 유지하는 데는 많은 고양이의 노력이 필요해. 그중에서도 나와 같은 슈퍼 히어로 고양이들이 큰 역할을 하고 있지.

나는 꽤 오랫동안 과학자의 삶을 살았어. 고양이의 능력을 더 강하게 만들어 주고 위험으로부터 보호해 주는 특수한 수트를 만들어서 스스로 히어로가 되었어. 이 수트를 입으면 초능력 고양이나 로봇만큼 강력한 힘을 가지게 돼. 하늘을 날 수 있고, 아주 먼 곳의 소리를 들을 수도 있지. 보이지 않는 곳에 있는 물체의 움직임을 감지할 수 있고, 천재지변의 위험까지도 미리 알아낼 수 있어.

나는 슈퍼 히어로가 된 지금도 과학자로서 수트에 대한 연구를 계속하고 있어. 위기에 처한 고양이들을 잘 도와주려면 어떤 기능을 더 추가하고 개선해야 할지 늘 고민하지.

내가 가진 능력으로 다른 고양이들을 도울 수 있다는 것은 정말 기분 좋은 일이야. 정말 옳은 일을 하고 있다는 생각이 들어!

그럼 안녕.

072
보물섬 고양이
Treasure island cat

안녕, 나는 보물섬을 찾고 있는 고양이야.
아주 오래전에 철학자의 삶을 살던 때
우연히 보물섬 지도를 손에 넣게 되면서
보물섬을 찾는 여정을 시작했지.

나는 보물섬을 찾고 있는 고양이야.

아주 오래전에 철학자의 삶을 살던 때 우연히 보물섬 지도를 손에 넣게 되면서 보물섬을 찾는 여정을 시작했지. 그 보물섬에는 금은보화도 숨겨져 있지만, 나는 좀 더 특별한 것을 찾고 있어. 그곳에는 아주 먼 옛날 처음으로 이 행성을 발견하고 정착해 살기 시작한 고양이들이 쓴 비밀 문서가 있다고 알려져 있어. 그 당시 고양이들은 대부분 영원한 삶을 선택하지 않았다고 하는데, 그들이 어떤 마음으로 어떤 생각을 하면서 살았는지 너무 궁금해.

나는 오랜 시간 동안 고양이의 마음에 대해 탐구해왔어. 고양이들은 자신들에 대해 이미 많은 것을 알고 있는 고차원의 존재들이지만 그럼에도 불구하고 아직 밝혀내지 못한 것들이 너무나 많아.

보물섬의 비밀문서를 찾게 된다면 새로운 차원의 지식과 개념을 접하게 되지 않을까? 고양이의 언어가 지금처럼 발달하기 전에는 마음과 더 가까운 곳에서 살 수 있었을 거라고 생각해.

우리는 말을 더 자주 하게 되고 글을 더 많이 쓰게 되면서 매 순간 너무나 많은 개념들을 새롭게 만들어내고 있어. 어쩌면 지금 우리는 변하지 않는 진실과는 점점 더 멀어지고 우리가 새롭게 만들어낸 개념들만이 진실이라 믿으며 살고 있는 것인지도 몰라.

궁금한 게 너무 많아. 어서 빨리 보물섬을 찾고 싶어!

그럼 안녕.

073
산타 고양이
Santa cat

안녕, 나는 산타 고양이야.
인간 세계의 산타 클로스는 이야기 속에만
존재하는 가상의 인물로 여겨지지만,
고양이 세계에는 진짜 산타 고양이들이
선물을 나누어 주며 살고 있어.

나는 산타 고양이야. 크리스마스가 되면 착한 어린이들에게 선물을 주는 산타클로스라는 사람 알지? 사실 산타클로스는 고양이 세계로부터 인간 세계로 전해진 거야!

인간 세계의 산타 클로스는 이야기 속에만 존재하는 가상의 인물로 여겨지지만, 고양이 세계에는 진짜 산타 고양이들이 있어. 수많은 산타 고양이들이 진짜 선물을 나누어 주며 살고 있지.

어린이 고양이들은 고양이 세계에서도 꿈과 희망이야. 고양이 세계의 어린이들은 산타 고양이들로부터 선물 받는 일에 아주 익숙해. 어린 고양이들은 맑고 깨끗한 영혼을 가지고 있어서 착한 일도 많이 하는데 산타 고양이들로부터 깜짝 선물을 받으면서 착한 일 하는 것을 더욱 의미 있게 받아들이게 되지. 우리 산타 고양이들은 어린 고양이들이 좋은 어른 고양이로 자랄 수 있기를 바래.

고양이 세계에서 산타 고양이로 살던 고양이들은 인간 세계에 가서도 그 습성을 버리지 못하고 인간들에게 이런저런 선물들을 주곤 하는데, 혹시 문 앞에 죽은 새나 쥐가 놓여 있어도 너무 놀라지 마. '이 고양이가 고양이 세계에서 산타 고양이로 살았었구나…' 하고 기쁘게 받아 주었으면 해.

그럼 안녕!

074
주술사 고양이
Shaman cat

안녕, 나는 주술사 고양이야.
우리 부족은 아직 바깥세상에
알려지지 않은 지역에 속해 있는
작은 마을에 모여 살고 있어.
나는 이 부족의 부족장이자 주술사야.

나는 주술사 고양이야. 우리 부족은 아직 바깥세상에 알려지지 않은 지역에 속해 있는 작은 마을에 모여 살고 있어. 나는 이 부족의 부족장이자 주술사야.

우리 부족의 고양이들은 다른 어떤 다른 고양이들보다 많은 시간을 명상하는 데 쓰고 있어. 그리고 나는 부족장으로서 우리 부족의 평화와 안녕을 위해 더 많이 고민하고, 명상도 더 많이 하지.

우리는 기본적으로 상상을 많이 해. 길을 걷다가도, 밥을 먹다가도, 다른 고양이와 이야기를 나누다가도, 그루밍을 하다가도…. 눈을 감고 내면 깊숙이 숨겨져 있는 비밀의 공간 속으로 빠져들곤 해. 지금 이 편지를 쓰면서도 몇 번이나 눈을 감았는지 몰라.

나는 백 년에 한 번씩 우리 마을에 있었던 굵직한 사건들을 정리하는데 우리 부족은 백 년 전이나 지금이나 겉으로 보기에는 큰 변화가 없어. 물질적인 발전이나 편리함을 추구하는 것에는 크게 관심이 없고 고양이다운 삶이란 무엇인지에 대해서만 고민해왔기 때문이야. 고양이로 태어나 고양이로 사는 것 그 자체가 완벽한 삶이니까!

바쁜 삶을 경험하고 있는 고양이들이나 인간 세계 인간들의 눈에는 게을러 보일지 몰라도 우리 부족 고양이들은 정말로 행복하게 살고 있어.

인간 세계의 인간들도 자신이 제일 행복해질 수 있는 환경을 만들고, 그 안에서 가장 나다운 모습으로 살길 바래.

그럼 안녕!

075
소방관 고양이
Firefighter cat

안녕, 나는 소방관 고양이야. 고양이 세계에서
불을 끄는 일을 해. 불은 본래 순수하고 착한
존재이지만 스스로 화를 통제하지 못하는 문제를
안고 살고 있어. 불길을 신속하고 안전하게
잡으려면, 그들의 이야기를 들어주어야만 해.

나는 소방관 고양이야. 고양이 세계에서 불을 끄는 일을 해.

고양이 세계의 불은 자연현상이 아니라 하나의 인격체이자 생명체야. 고양이 세계에서 고양이와 불은 서로를 도우며 큰 문제 없이 어울려 살고 있지. 그렇지만 실수로라도 그들을 화나게 하면 정말 큰일이 생길 수도 있어. 불이 화가 나면 그 화를 잘 참지 못하고 삽시간에 주변에 있는 모든 것을 집어삼키기 시작하거든. 불은 본래 순수하고 착한 존재이지만, 스스로 화를 통제하지 못하는 문제를 안고 살고 있어.

불길을 신속하고 안전하게 잡으려면, 그들의 이야기를 들어주어야만 해. 자연현상으로 보이는 일들조차 고양이 세계에서는 대부분 살아 숨 쉬는 생명체의 생체활동 같은 것이라서 인간 세계와는 다른 방법으로 대처해야 할 때가 많아. 고양이들은 그들 모두를 존중하고, 그들을 있는 그대로 받아들이려고 해. 그들이 위험한 행동을 하더라도 말이야.

불이 화가 나면 우리의 집과 물건들을 태우지만 어떤 상황이 생기더라도 그들을 비난할 수만은 없어. 우리가 우리도 모르는 사이에 불을 화나게 했던 건지도 모르니까.

차이를 인정하는 것이 무엇보다 중요해.
한 번쯤 생각해 볼 만한 이야기이지.

그럼 안녕!

076
성냥팔이 고양이
Little match girl cat

안녕, 나는 성냥팔이 소녀의 삶을 경험하는
고양이야. 인간 세계에서 나의 인간이
나에게 읽어주었던 <성냥팔이 소녀> 이야기에
영감을 받아서 고양이 세계로 돌아와
성냥팔이 소녀의 삶을 경험해 보고 있어.

나는 성냥팔이 소녀의 삶을 경험하는 고양이야.

인간 세계에서 나의 인간이 나에게 읽어주었던 <성냥팔이 소녀> 이야기에 영감을 받아서 고양이 세계로 돌아와 성냥팔이 소녀의 삶을 경험해보고 있어. 이야기 속 소녀의 안타까운 사연보다는 겨울밤의 분위기와 성냥에만 집중하고 있지만 말이야.

이 삶이 지루해지기 시작할 무렵에 변화를 주어야겠다는 생각이 들어서 누구든지 원하는 상황을 간편하게 체험해 볼 수 있는 신비한 성냥을 만들었어. 이 성냥을 켜면 원하는 상황이 현실처럼 눈앞에 펼쳐지게 돼.

성냥 한 개비가 다 타는 데 걸리는 시간은 매우 짧지만, 원하는 상황을 체험하는 시간은 훨씬 길게 느껴질 거야. 어떤 상황을 경험하고자 하는

지에 따라서 몇 시간, 며칠처럼 느낄 수도 있지. 꿈을 꾸는 것과 비슷하다고나 할까?

인간 세계에서 읽었던 성냥팔이 소녀의 삶은 슬프고 안타까웠지만, 내가 경험하고 있는 삶은 조금 달라. 이럴 때면 고양이의 호기심과 모험심이 인간들의 감수성을 방해하는 것 같다는 생각이 들기도 해. 고양이 세계에도 감수성이 풍부한 고양이들이 있긴 하지만 말이야.

언젠가 고양이 세계에 놀러 오면 내가 만든 성냥을 체험하게 해 줄게!

그럼 안녕.

077
체스 챔피언 고양이
Chess champion cat

안녕, 나는 고양이 세계의 체스 챔피언 고양이야.
체스는 고도의 집중력을 필요로 하는 게임이지만,
나는 이 시간이 정말 즐거워. 고양이들은
깊이 고민하며 머리를 쓰는 것을 좋아해.
이런 게임들은 우리의 지적 욕구를 채워주지.

나는 고양이 세계의 체스 챔피언 고양이야.

고양이 세계의 체스는 인간 세계의 체스와 비슷한 룰을 가지고 있어. 그렇지만 신경 써야 할 부분들이 조금 더 많지. 체스는 고도의 집중력을 필요로 하는 게임이지만, 나는 이 시간이 정말 즐거워.

고양이들은 깊이 고민하며 머리를 쓰는 것을 좋아해. 이런 게임들은 우리의 지적 욕구를 채워주지.

인간 세계에 머물고 있는 고양이들이 잠을 많이 자는 것처럼 보이는 이유도 깨어 있는 동안 고도의 집중력을 발휘해 의미 있는 사유 활동을 하기 때문이야. 그러니 고양이들이 잠을 많이 잔다고 해서 게으른 생명체라고 치부되는 것은 옳지 않아.

요즘은 체스를 좋아하는 다른 고양이들과 함께 새로운 체스 룰을 개발하고 있어. 말의 종류를 더 다양하게 하고 칸의 개수도 두 배 정도 늘려서 더 복잡한 룰을 만들고 있지. 더욱 재미있고 흥미진진한 게임을 즐길 수 있을 거야.

언젠가 기회가 된다면 인간들에게도 고양이 체스를 가르쳐 줄게.

그럼 안녕!

078
푸드트럭 셰프 고양이
Food truck chef cat

안녕, 나는 푸드트럭 셰프 고양이야.
본래 하던 일도 요리를 하는 일이었지만
더 많은 고양이를 만나고 싶어서 푸드트럭을
시작했어. 고양이 세계 이곳저곳을 누비며
맛있는 요리들을 마음껏 선보이고 있지.

나는 푸드트럭 셰프 고양이야. 본래 하던 일도 요리를 하는 일이었지만 더 많은 고양이를 만나고 싶어서 푸드트럭을 시작했어. 고양이 세계 이곳저곳을 누비며 맛있는 요리들을 마음껏 선보이고 있지.

나의 요리 철학은 나를 먼저 만족하게 하는 요리를 만드는 거야. 나를 감동시킨 후에야 비로소 다른 고양이들을 감동시킬 수 있다고 믿기 때문이지. 많이 만들어 보고, 많이 먹어 보고, 또 많이 실패해 보면서 매일 새로운 것을 끊임없이 배워나가고 있어. 고양이 세계 고양이들의 미각을 모두 만족시킬 때까지 이 노력을 멈추지 않을 거야. 아직 찾아 내지 못한 감동의 맛을 모두 찾아내고야 말 거야!

조만간 더 큰 트럭을 마련해서 더 먼 곳으로 나가볼 거야. 더 많은 고양이들에게 내 요리를 선보이고 싶어!

맛있는 음식을 즐기는 것은 삶을 즐기는 것과 같아. 맛있는 음식을 한 입, 두 입 먹다 보면 버겁게 느껴지던 고민들도 더 이상 고민이 아닌 게 되지.

인간 세계의 인간들도 맛있는 요리를 많이 맛보면서 살길 바래.

그럼 안녕.

079
수리공 고양이
Repairman cat

안녕, 나는 수리공 고양이야.
고장 난 기계들을 고치는 일을 하고 있어.
아무리 복잡한 기계라도 내 손을 거치면
언제 고장이 났었냐는 듯 멀쩡해지지.

나는 수리공 고양이야. 고장 난 기계들을 고치는 일을 하고 있어. 아무리 복잡한 기계라도 내 손을 거치면 언제 고장이 났었냐는 듯 멀쩡해지지.

내 전문 분야는 기계를 고치는 일이지만, 때로는 고양이들의 고장 난 마음을 고치는 일도 해. 고장 난 기계를 고치는 것은 다양한 지식과 경험, 기술이 필요하고, 고양이의 고장 난 마음을 고치는 데는 내 마음의 주파수를 그들의 마음 주파수와 똑같이 맞출 수 있는 특별한 능력이 필요해.

고양이들과 이야기를 나눌 때 나는 의식적으로 주로 듣는 역할을 하려고 해. 그들의 이야기를 들어주는 것은 물론이고, 그들이 나에게 보내는 마음의 에너지로부터 그들이 가진 마음 주파수의 영역을 파악해내는 거야. 그리고 내 마음의 주파수를 그들의 것과 맞추고 나면, 그들이 말하는 이야기의 내면을 들여다볼 수 있어. 그러면 그들에게 꼭 필요한 이야기를 해 줄 수 있지.

때로는 내 이야기를 잘 말하는 것보다 다른 이들의 이야기를 잘 들어주는 것이 더 중요할 때가 있거든.

그럼 안녕!

080
카우보이 고양이
Cowboy cat

안녕, 나는 카우보이 고양이야!
인간 세계에서는 카우보이들이 살았던 시대에
한 카우보이와 함께 살았어. 볼록한 배 때문에
총을 빠르게 뽑아 드는 게 쉽지만은 않지만
고양이 세계에서는 명사수로 소문이 자자해.

나는 카우보이 고양이야!

인간 세계에서는 카우보이들이 살던 시대에 한 카우보이와 함께 살았었어. 그곳 분위기에 완전히 심취해 있었지. 고양이 세계로 돌아와서 제일 먼저 한 일이 카우보이들이 살았던 시대의 환경을 최대한 비슷하게 재현한 일이야. 그리고 그 안에서 카우보이의 삶을 살기 시작했어!

볼록한 배 때문에 총을 빠르게 뽑아 드는 게 쉽지만은 않지만 고양이 세계에서는 나름 명사수로 소문이 자자해. 쏘는 족족 백발백중이거든!

내가 살고 있는 카우보이의 삶은 내가 좋아했던 부분만을 다시 경험해 보는 삶이어서 인간 세계의 카우보이들이 본다면 엉터리라고 할지도 몰라. 그렇지만 고양이들은 멋진 이미지에 약하고, 상상력이 너무나도 풍부한 존재들이라는 사실을 말해 주고 싶어. 고양이들은 아주 작은 것에서도 정말 멋지고 근사하고 생생한 이미지를 상상해낼 수 있어.

마치 현실인 것처럼 말이야. 그래서 나처럼 허영심을 부리는 삶을 선택하는 고양이들도 있는 거야. 말을 타고 달리면서 기다란 망토가 휘날릴 때의 느낌, 달리는 말 위에서 목표를 향해 총을 겨누고 방아쇠를 당길 때의 그 기분은 정말이지 짜릿하다고!

다음에 다시 인간 세계에 방문할 때도 카우보이 시대로 가서 카우보이와 함께 살 거야. 더 많은 카우보이를 만나보고 싶어. 벌써 기대돼.

그럼 안녕!

081
양들과 함께 사는 고양이
Cat living with sheep

안녕, 나는 양들과 함께 살고 있는 고양이야.
우리는 몇 개월에 한 번씩 양들의 털을
깎아주고 그 털로 따뜻한 옷을 만들어 입어.
서로 도움을 주고받으면서 살아가고 있지.

나는 양들과 함께 살고 있는 고양이야.

여기는 고양이 세계에서 양들이 가장 많이 사는 지역이야. 고양이보다 양들이 더 많아. 우리 마을에는 백 마리 정도의 고양이가 살고 있는데, 양은 오백 마리도 넘는 것 같아. 이곳은 양들이 먼저 살기 시작한 곳이고, 얼마 후에 고양이들도 살기 시작했어.

낯선 고양이들이 마을에 들어왔는데도 양들은 흔쾌히 고양이들을 받아들여 주었지. 고양이들도 양들과 함께 잘 살아가기 위해 어떤 것들이 필요할지 많은 고민을 했어. 그러던 중 양들이 계속해서 자라나는 털 때문에 큰 불편을 겪고 있다는 사실을 알게 된 거야. 그때부터 고양이들이 양의 털을 관리해 주기 시작했어.

우리는 몇 개월에 한 번씩 양들의 털을 깎아주고 그 털로 따뜻한 옷을 만들어 입어. 서로 도움을 주고받으면서 살아가고 있지.

양들과 함께 사는 삶은 느리고 조용해. 그렇지만 오랜 세월을 살아온 늙은 양들의 이야기를 듣는 건 그 어떤 이야기책을 읽는 것보다 재미있고, 커다란 바위 위에 앉아 피리를 불며 느긋한 시간을 보낼 수 있다는 것도 정말 좋아. 무언가를 해내야 한다는 부담감이 없는 삶이야.

큰 변화도 없고 기억할 만한 사건들도 없는 평범한 날들이지만, 익숙한 것들로부터 매 순간 특별한 새로움을 발견하며 살아가고 있어.

그럼 안녕!

082
딸기 농부 고양이
Strawberry farmer cat

안녕, 나는 딸기 농부 고양이야. 고양이 세계에서 제일 큰 딸기 농장을 운영하고 있어. 고양이들은 딸기를 정말 좋아해. 사시사철 쉼 없이 수확의 기쁨을 맛보고 있어. 내가 제일 좋아하는 과일이라 기쁨이 두 배야!

나는 딸기 농부 고양이야. 고양이 세계에서 제일 큰 딸기 농장을 운영하고 있어.

고양이 세계의 딸기는 인간 세계의 딸기와는 비교할 수 없을 정도로 맛있어! 둘 다 먹어 봤지만 내가 느끼기에는 고양이 세계의 딸기가 인간 세계의 딸기보다 100배는 더 맛있는 것 같아.

고양이들은 딸기를 정말 좋아해….

나는 사시사철 쉼 없이 수확의 기쁨을 맛보고 있어. 내가 제일 좋아하는 과일이기도 해서 수확의 기쁨도 두 배야! 다른 과일들도 심어야 하나 싶은 생각이 들다가도 결국엔 딸기만 심게 돼.

앞으로도 오랫동안 딸기 농사를 지을 것 같아. 워낙 호기심이 많은 성격이라 이런저런 일들을 많이 해 봤지만, 좋아하는 일을 찾았다면 그 한 가지에만 집중하는 것도 괜찮은 삶인듯해.

인간 세계 인간들도 고양이 세계의 딸기를 맛볼 수 있는 날이 오길.

그럼 안녕!

083
래퍼 고양이
Rapper cat

안녕, 나는 래퍼 고양이야!
인간 세계에서의 삶을 마무리하고
고양이 세계로 돌아오자마자
본격적으로 래퍼의 삶을 시작했어.
나는 지금 이 삶에 완전히 몰입해 있어.

나는 래퍼 고양이야! 내가 랩을 처음 접한 것은 인간 세계에 살던 때였어. 무척 신기하면서도 인상 깊었지.

나는 평소에 그다지 말을 많이 하는 성격이 아니고 나를 표현하는 데도 워낙 서툴러서 가끔은 답답한 기분이 들었는데, 어느 날 TV에서 래퍼들이 랩을 하는 모습을 보고 자연스럽게 내가 랩 하는 모습을 상상하게 되었어. 그 후 내 생각이 담긴 가사도 조금씩 써보면서 나만의 랩을 연습하기 시작했지. 랩을 할 때만큼은 하고 싶은 말들이 술술 나오더라고.

아무도 알아주지 않아도 나는 정말 이대로 괜찮다고 생각하며 살았는데, 가끔은 내 안에 있는 것들을 밖으로 꺼내서 표현하는 것도 중요하다는 것을 알게 됐어! 나도 하고 싶은 말이 있었던 거야!

인간 세계에서의 삶을 마무리하고 고양이 세계로 돌아오자마자 본격적으로 래퍼의 삶을 시작했어. 나는 지금 이 삶에 완전히 몰입해 있어. 매일 밤늦게까지 공연을 해도 조금도 지치지 않아!

오늘은 인간 세계에서 함께 지냈던 나의 인간에 대한 가사를 써볼 생각이야.

그럼 안녕!

…

084
요술공주 고양이
Magic princess cat

안녕, 나는 요술공주 고양이야.
힘들고 어려운 일이 닥쳐도
용기를 잃지 않고 언제나 용감하고
지혜롭게 헤쳐나가는
'요술공주'의 삶을 경험하고 있어.

나는 요술공주 고양이야. 힘들고 어려운 일이 닥쳐도 용기를 잃지 않고, 언제나 용감하고 지혜롭게 헤쳐나가는 '요술공주'의 삶을 경험하고 있어.

나와 같은 요술공주 고양이들은 슈퍼 히어로 고양이들과 비슷한 일을 하고 있지만 우리는 그들과는 달리 신비한 '요술 능력'을 지니고 있어. 우리는 다른 모습으로 변신할 수도 있고, 아주 아주 작아질 수도 있고, 정말 정말 커질 수도 있어. 먼 곳에 있는 고양이에게 사랑과 용기, 아름다움의 에너지를 보내줄 수도 있고, 위험한 생각을 품은 악의 무리가 나타나면 그들에게 무기력의 에너지를 보내서 고양이 세계를 구할 수도 있어.

우리가 가진 요술 능력은 소란스럽고 거칠기보다는 조용하고 부드러워. 그렇지만 슈퍼 히어로들과 비교해서 그 능력이나 힘이 떨어지는 것은 아니야. 우리도 그들만큼이나 강력한 능력과 힘을 지니고 있어. 신비한 요술 능력을 더 잘 활용할 수 있는 일을 하고 있을 뿐이야.

그중에서도 인간 세계에서 아픈 기억을 가지고 돌아온 고양이들을 돕는 일은 정말 특별해. 그들은 대부분 의욕을 잃어버린 상태이고, 우리는 그들이 나쁜 기억을 딛고 다시 일어설 수 있도록 돕고 있어. 요술 능력을 이용해서 그들 스스로 무엇이든 해낼 수 있다는 사실을 경험하게 해주거나, 다른 고양이를 돕는 일을 함께하기도 해. 꿈과 희망을 되찾고 가장 고양이답게 살았던 때를 기억해낼 수 있도록 자극을 주는 거야. 그러다 보면 결국 아픈 기억이나 나쁜 기억들도 더 이상 아프지도 않고 나쁘지도 않은 일이 될 거야.

혹시 고양이와 함께 살고 있다면, 그 고양이에게 좋은 기억들을 많이 만들어줘!

그럼 안녕!

085
해커 고양이
Hacker cat

안녕, 나는 해커 고양이야. 바깥세계로부터
다가오는 수많은 위협으로부터
고양이 세계를 지키는 데 큰 역할을 하고 있지.
내가 문제를 푸는 방법은 완전히 해결될 때까지
그만두거나 포기하지 않는 거야.

나는 해커 고양이야.

고양이 세계에서 제일 실력 좋은 해커로 이름을 날리고 있지만 내가 실제로 하는 일에 대해서는 알려진 바가 없어. 신분을 숨기고 비밀 첩보원으로 활동하고 있기 때문이야.

나와 같은 비밀 요원들의 정체가 공개되면 민감한 정보들을 다루는 것이 어려워지기 때문에 조용히 활동하고 있어. 특히 바깥세계로부터 다가오는 수많은 위협으로부터 고양이 세계를 지키는 데 큰 역할을 해내고 있지.

내가 문제를 풀어나가는 방법은 사실 너무나도 단순해. 그저 어떤 문제든지 완전히 해결될 때까지 그만두거나 포기하지 않는 거야. 중간에 그만두거나 포기하지만 않는다면, 성공과 실패 중 실패의 가능성이 없어지는 거니까 말이야. 실패했다는 생각이 들더라도 다시 일어나 계속 시도하고 결국 성공을 이루어내면, 그 실패는 더 이상 실패가 아닌 거야. 어떤 일에 대해 실패했다고 판단할 수 있는 것은 오직 나 자신뿐이야. 그러니 자기 자신을 믿어야만 해. 끈기를 잃지 않고 계속해 나간다면 실패는 없을 거야.

인간 세계의 인간들도 자기 자신을 믿고 끝까지 해내는 경험들을 많이 만들면서 살길 바래.

그럼 안녕!

086
유치원생 고양이
Kindergarten student cat

안녕, 나는 유치원에 다니는
어린이의 삶을 경험하고 있는 고양이야.
어린 시절의 좋은 기억들을 다시
경험해 보고 싶어서 이 삶을 선택했지.

나는 유치원에 다니는 어린이의 삶을 경험하고 있는 고양이야. 어린 시절의 좋은 기억들을 다시 경험해 보고 싶어서 이 삶을 선택했지.

그런데…. 지금 나는….

이 삶이 싫어!

어린 시절에 다녔던 유치원과 똑같은 유치원, 똑같은 병아리반에 입학했지만 그때의 그 느낌이 아니야. 기대를 품고 시작한 삶인데, 막상 살아 보니 내 상상과는 너무나 달라. 어린 시절의 추억들만큼 좋은 기억들을 만들 수 있을 거라고 생각했는데….

짧게나마 이 삶을 다시 살면서 깨달은 것이 있다면 추억이란 추억일 때가 가장 아름답다는 거야. 뒤죽박죽 오류로 가득한 기억들과 너무 희미해져서 재구성되고 왜곡되어버린 기억들이 좋았던 거야.

어릴 적 삶을 다시 살면서 그때의 기억을 다시 만들 것이 아니라 지금을 살면서 지금의 기억을 만드는 것이 맞는 거야.

나는 이제 유치원생의 삶을 마무리하고 곧 새로운 삶을 시작할 거야. 인간 세계의 인간들도 지금 이 순간을 잘 살길 바래.

그럼 안녕!

087
유목민 고양이
Nomad cat

안녕, 나는 유목민 고양이야.
이곳저곳을 떠돌아다녀야 하는 삶이지만
새로운 곳에서도 어렵지 않게
적응해 나가며 풍요로운 삶을 살고 있어.

나는 유목민 고양이야.

이곳저곳을 떠돌아다녀야 하는 삶이지만 새로운 곳에서도 어렵지 않게 적응해 나가며 풍요로운 삶을 살고 있어. 내일이면 또 다른 목초지를 찾아 떠나야 하지만 두려움 따위는 없어!

우리 유목민 고양이들은 주어진 상황을 있는 그대로 받아들이려고 노력하면서 그저 묵묵히 한 걸음씩 나아가고 있어.

낯선 환경에서도 많은 것을 배우고 느낄 수 있어. 공기 한 숨, 물 한 모금, 모래 한 줌, 구름 한 점, 고기 한 조각…. 그 무엇하나 허투루 흘려보낼 것이 없지. 있는 그대로, 그 모습 그대로 모든 것이 괜찮고 충분히 좋아.

우리의 마음은 자꾸만 그들에게 이름을 붙이려고 하고 그들의 성격을 설명하려고 하지만 그럴 때마다, 그 즉시! 마음을 비워야만 해. 그들은 가장 그들다운 모습으로 항상 그곳에 존재할 뿐이야. 무엇이든 우리의 기준으로 정의하는 것은 옳지 않아.

다른 대상보다는 나 자신에 대해서 더 많이 생각해 볼 수 있길 바래.

그럼 안녕!

088
요람에 누워 있는 고양이
Cat lying in a cradle

안녕, 나는 요람에 누워 있는 고양이야.
잠깐 동안이지만 내가 아기였을 때
썼던 요람에 누워서 이런저런 생각들이
흘러가는 것을 바라보고 있어.

나는 요람에 누워 있는 고양이야. 잠깐 동안이지만 내가 아기였을 때 썼던 요람에 누워서 이런저런 생각들이 흘러가는 것을 바라보고 있어.

어린 시절에는 틈만 나면 상상의 세계로 빠져들었어. 상상과 현실의 구분이 무의미할 정도였지. 무엇이든지 자유롭고 생생하게 상상할 수 있었어.

어느 날엔가 요람에 누워서 멍하니 천장을 바라보고 있었는데 갑자기 벽지 무늬가 마구마구 물결치더니 아주 작은 고양이들이 잔뜩 나타나, 내 요람 안으로 비처럼 쏟아져 내렸어. 그리고 그 고양이들은 내 이불 위에 자리를 잡고서 춤을 추기 시작했어. 어딘가에서 들려오던 음악 소리도 정말 흥겨웠지. 그저 그들을 바라보고 있는 것만으로도 너무나 즐거워서 나도 그들을 따라 어깨를 들썩이며 리듬을 타기 시작했어. 그날은 온종일 그들과 함께 춤을 추며 놀았어.

같은 천장에 같은 벽지를 보고 있는데도 지금 나에게 보이는 것은 벽지 무늬뿐이야. 아무리 뚫어지게 바라봐도 그냥 벽지야. 상상하는 것이 언제부터 이렇게 어려워진 걸까? 언제부터 어렵다고 생각하게 된 걸까?

그렇지만 나는 언제라도 그때의 상상력을 되찾을 수 있을 거라고 생각해. 그 능력은 없어지거나 변하는 것이 아니야. 어린 시절 자유롭게 상상하고 그 상상 속에서 놀았던 것은 이 세상에서 제일 쉬운 일이었다는 것을 기억해내야만 해.

그럼 안녕.

089
졸업식
Graduation

안녕, 나는 이번에 고양이 대학교를
졸업하게 된 고양이야. 수석으로 졸업하게
되어서 졸업생 대표로 연설도 했지.
고양이 세계의 대학은 수준 높은 학문을
탐구하는 곳이야.

나는 이번에 고양이 대학교를 졸업하게 된 고양이야. 수석으로 졸업하게 되어서 졸업생 대표로 연설도 했지.

고양이 세계의 대학은 수준 높은 학문을 탐구하는 곳이야. 졸업하기까지 걸리는 시간도 인간 세계의 대학과 비교하면 훨씬 길어. 그렇다 보니 고양이 세계에서 대학을 졸업한다는 건 학자의 삶을 잘 살아갈 수 있음을 증명하는 것이기도 해.

연구를 진행하다 보면 하루에도 여러 번 커다란 위기를 맞닥뜨리게 되거든. 아무리 노력해도 문제가 풀리지 않을 때는 당장 여기서 그만두고 싶다는 생각이 들 정도로 좌절하기도 해. 그렇지만 끝까지 해내야만 해. 결코 쉽지 않지만 우리는 묵묵히 한 걸음씩 나아가며 고양이 세계의 지식 수준을 끌어올리고 있는 거야.

졸업식 연설에서도 그동안 연구를 진행하면서 극복해야만 했던 어려움에 대해 이야기했어. 연설이 끝난 후 환호와 박수 소리가 오래도록 멈추지 않았지.

꿈꾸던 대학 생활 경험이 이렇게 끝이 났어. 그동안의 기억들이 주마등처럼 스쳐 가는데…. 기분이 참 이상해.

무언가 계획했던 일이나 간절히 원했던 일을 이루고 나면 기쁨이나 만족감보다는 외로움이나 슬픔과 같은 감정이 더 크게 느껴지는 것 같아. 한 가지 삶을 끝마치고 또 다른 삶을 선택해야 하는 시기가 되면 늘 이런 기분을 느끼게 돼. 나는 내가 선택한 삶의 과정들을 충분히 잘 경험하고 있다고 생각하는데, 혹시 내가 무언가 중요한 것을 놓치고 있는 것은 아닐까? 도대체 이런 감정은 어디서 오는 것일까? 이번에는 새로운 삶을 시작하기 전에 이 감정에 대해 좀 더 깊이 생각해 봐야겠어.

그럼 안녕!

090
고대 이집트 시대 고양이
Ancient egyptian cat

안녕, 나는 고대 이집트 시대에 살고 있는
고양이야. 이 삶에서 나는 피치 못할 사정으로
어린 나이에 왕위에 오르게 된 왕이야.
나는 고대 이집트 역사상 가장 큰 업적을
이룬 최고의 고양이 왕이 되었어.

나는 고대 이집트 시대에 살고 있는 고양이야. 인간 세계에 머물 때도 고대 이집트 시대에 살았어. 그때의 기억을 잊을 수가 없어서 고양이 세계로 돌아와 똑같은 환경을 만들고 그 안에서 살아보고 있어.

이 삶에서 나는 피치 못할 사정으로 어린 나이에 왕위에 오르게 된 왕이야. 왕이 되기에는 너무나 어린 나이였지만 선왕의 자식이 오직 나뿐이었기 때문에 그 짐을 내가 짊어질 수밖에 없었어. 그렇지만 나는 어려서부터 영특하고 지혜롭고 슬기로웠어. 덕분에 백성들도 내가 나이는 어리지만, 새로운 왕이 되어 잘 해낼 거라 믿었지.

결국, 나는 고대 이집트 역사상 가장 큰 업적을 이룬 최고의 고양이 왕이 되었어. 이 나라는 크게 번성하였고, 지금은 그 어느 때보다 평화롭고 풍족한 시기를 보내고 있어.

다른 고양이들에게 들어서 알고 있겠지만 고양이 세계의 고양이들에게는 원하는 시간과 공간을 스스로 만들고 그 안에서의 삶을 경험할 수 있는 능력이 있어. 고양이의 삶이란 경험을 쌓아나가는 과정이고, 그 모든 경험은 우리가 그 삶을 시작하기 전부터 원했던 일들이야. 예상 밖의 갑작스러운 사고나 위기, 어려움이 닥치기도 하지만 지나고 보면 그런 일들도 우리가 경험하고 싶었던 삶에 꼭 필요한 과정들이었음을 알게 되는 거야.

인간 세계 인간들의 삶도 크게 다르지 않을 거라고 생각해. 의미 없는 사건은 일어나지 않아. 모두가 매 순간 필요한 경험들을 쌓고 있지.

산다는 것은 그 자체로 특별해. 그 특별함을 온몸으로 느끼며 충분히 즐길 수 있기를 바래.

그럼 안녕!

091
전사 고양이
Warrior cat

안녕, 나는 전사 고양이야!
전사로서의 뛰어난 자질, 강한 체력,
비범하게 뿜어져 나오는 포스,
그리고 용맹함을 갖춘 전사가 되었지!

나는 전사 고양이야! 나는 인간 세계에 머물 때 무척 약한 고양이로 태어났어. 내가 살았던 곳은 아주 강한 인간들만 살아남을 수 있는 곳이었기 때문에 고양이인 나에게도 쉽지 않은 삶이었어. 그렇지만 나와 함께 살았던 나의 인간은 치열한 경쟁 속에서 매일매일 전쟁 같은 시간을 보내면서도 언제나 나를 따뜻하게 돌봐주었어.

나는 인간 세계에 태어나던 바로 그 날부터 몸이 아프기 시작했고, 결국 낯선 곳에 혼자 남겨졌어. 먹을 것을 구하기도 힘든 데다가 몸도 워낙 약했기 때문에 상황은 쉽게 나아지지 않았지. 어느 축축하고 어두운 골목 안쪽에 누워서 이제 그만 고양이 세계로 돌아가야겠다고 체념하고 있을 때 나의 인간을 만났어. 그는 나를 구해 주었고, 집으로 데려가 지극정성으로 보살펴 주었어. 덕분에 건강을 되찾을 수 있었고, 인간 세계에 오랫 동안 살 수 있었어.

고양이 세계로 돌아온 후, 나는 나의 인간처럼 강인한 전사의 삶을 살아보기로 했어. 전사로서의 뛰어난 자질, 강한 체력, 비범하게 뿜어져 나오는 포스, 그리고 용맹함을 갖춘 전사가 되었지! 그렇지만 나도 나의 인간처럼 따뜻한 마음씨를 간직하고 있어.

인간 세계에 머물다 온 고양이들은 함께 살았던 인간들을 오랫동안 잊지 못해. 그 기억은 영원히 없어지지 않지. 고양이들은 인간 세계에서 경험했던 삶을 고양이 세계에서 다시 살아보는 경우가 많은데 함께 살았던 인간과의 추억을 더 오랫동안 생생하게 기억하기 위해서야. 때로는 그 인간들이 그리워서 다른 고양이의 모습으로 다시 찾아가기도 하지.

우리 고양이들은 우리가 선택한 인간들을 정말로 좋아해.

만약 이 편지를 읽고 있는 인간이 고양이와 함께 살고 있다면, 그 삶은 그 고양이가 스스로 선택한 것이라는 걸 기억해 주길 바래.

그럼 안녕!

092
헤어드레서 고양이
Hairdresser cat

안녕, 나는 고양이 세계 최고의
헤어드레서 고양이야. 고양이 세계 대표
멋쟁이들의 스타일을 책임지고 있지.
나는 내 머리도 다른 고양이에게 맡기지 않고
내 손으로 직접 다듬는 완벽주의묘야!

나는 고양이 세계 최고의 헤어드레서 고양이야. 고양이 세계 대표 멋쟁이들의 스타일을 책임지고 있지.

고양이들은 외모에 무척 관심이 많고, 늘 깔끔하게 관리하려고 노력하기 때문에 고양이 세계에는 나처럼 고양이 털을 관리해 주는 고양이들이 참 많아. 그렇지만 내 실력은 그중에서도 최고라고 할 수 있어. 나는 내 머리도 다른 고양이에게 맡기지 않고 내 손으로 직접 다듬는 완벽주의묘야!

특히 육각 모양의 얼굴 털 스타일은 내 스타일링의 트레이드마크라고 할 수 있는데, 현재 고양이 세계를 뜨겁게 달구고 있는 최신 유행 스타일이기도 해. 그렇다 보니 내 가위질 한 번을 받으려고 줄을 서 있는 손님들이 넘쳐나는 상황이야. 예약을 해도 몇 달이나 기다려야 하지. 내 손을 거쳐서 더 멋진 모습으로 변하는 고양이들을 보면 큰 보람을 느껴!

지금은 긴 털을 가진 고양이들이 주로 찾아오는 편이지만, 짧은 털을 가진 고양이들에게 선보일 수 있는 스타일도 아주 많아.

언젠가 고양이 세계를 방문하게 된다면 내 살롱에 꼭 한번 들러줘.
파격적인 스타일을 연출해 줄게.

그럼 안녕!

093
영화 마니아 고양이
Movie mania cat

안녕, 나는 영화 마니아 고양이야.
새롭게 개봉하는 공포영화들을 빠짐없이
챙겨보는 것은 물론이고, 아주 오래된 고전
공포영화들까지도 완벽하게 섭렵하고 있는
공포영화 전문가이자 평론가이기도 해.

나는 영화 마니아 고양이야. 특히 공포영화를 좋아해!

새롭게 개봉하는 공포영화들을 빠짐없이 챙겨보는 것은 물론이고, 아주 오래된 고전 공포영화들까지도 완벽하게 섭렵하고 있는 공포영화 전문가이자 평론가이기도 해. 팝콘을 먹으면서 공포영화를 즐기는 것은 나에게 가장 큰 행복이야.

…행복이란 뭘까?

알고 보면 우리가 실제로 경험하거나 즐길 수 있는 일들은 아주 작은 단위의 사건들이야. 그 작은 사건들이 모여서 큰일이 되는 것인데, 예전에 나는 그 작은 단위의 사건들을 잘 인지하지 못했어. 바로 공포영화가 그랬던 나를 깨어나게 했지!

긴장감에 휩싸여 팝콘을 손에 쥐었을 때 손에 느껴지는 팝콘의 온도와 감촉, 입안에 넣고 씹을 때의 식감과 풍미, 팝콘을 다 먹고 난 후 비어 있는 팝콘볼 안에서 손을 휘저으며 혹시나 남아 있을지도 모르는 팝콘

한 알을 찾을 때의 그 공허함…. 그리고 숨도 제대로 쉴 수 없을 만큼 무서운 장면을 보았을 때 너무 놀라 흩어져버린 의식의 조각들을 황급히 주워 모으며, 어떻게 된 상황인 건지 고민하게 되는 그 순간!

비로소 나는 작은 단위의 사건들을 온전히 경험할 수 있게 되지.

작은 일들을 느끼지 못하고 그냥 흘려보내는 것은 슬픈 일이야. 우리가 놓치고 있는 즐거움이 얼마나 많은지 말이야.

인간 세계 인간들도 작은 것들의 소중함에 대해 한 번쯤 생각해 보길 바래.

그럼 안녕!

094
산신령 고양이
Mountain god cat

안녕, 나는 깊은 산속에 살고 있는 산신령
고양이야. 나는 우리 마을 한가운데 있는
신비로운 샘물에서 산신령을 연기하면서
관광객들에게 전설 속 산신령 고양이를 만나는
가상 체험 프로그램을 제공하고 있는데
사실…. 나는 진짜 산신령이야.

나는 깊은 산속에 살고 있는 산신령 고양이야.

내가 살고 있는 이곳은 고양이 세계에서도 유명한 장수 마을이야. 고양이 세계의 고양이들은 영원히 살지만 이곳에 사는 고양이들은 다른 지역의 그 어떤 고양이들보다 훨씬 더 오래 살았지.

깊고 깊은 산속에 숨겨진 작은 마을. 아름다운 풍경과 맑은 공기, 풍부한 볼거리로 매년 적지 않은 고양이들이 찾아오는 관광지이기도 해.

나는 우리 마을 한가운데 있는 신비로운 샘물에서 산신령을 연기하면서 관광객들에게 전설 속 산신령 고양이를 만나는 가상 체험 프로그램을 제공하고 있는데 사실…. 나는 진짜 산신령이야. 고양이 세계의 수많은 산맥 중에서 주로 동쪽 지방의 산맥을 지키는 신이지.

고양이들이 정말로 오랜 세월을 살고 나면, 고양이 세계 곳곳을 지킬 수 있는 신의 자격이 주어져. 그리고 신이 되기로 한 고양이들은 신의 삶을 경험할 수 있지.

우리 마을에 살고 있는 고양이들은 모두 신이야. 고양이 세계에는 수많은 고양이 신들이 있지만 우리는 우리 존재에 대해 굳이 이야기하지 않아. 우리에 대해서 말하는 대신, 그 에너지를 아껴서 고양이 세계를 지키는 데 쓰고 있어.

고양이 세계와 인간 세계 모두 언제나 평화가 가득하길 바라며.

그럼 안녕.

095
피아니스트 고양이
Pianist cat

안녕, 나는 피아니스트 고양이야.
피아노곡을 직접 만들고 연주하는 음악가이지.
내 피아노 연주를 들은 고양이 중에는 자신만의
예술성과 감수성을 발견하고는 다음의 삶을
예술가의 삶으로 선택하는 고양이들이 무척 많아.

나는 피아니스트 고양이야. 피아노 연주곡을 직접 만들고 연주하는 음악가이지. 고양이 세계에서 나를 모르는 고양이는 없을 거야. 이곳에서 '피아노' 하면 나를 제일 먼저 떠올릴 정도로 많은 사랑을 받으며 활동하고 있지.

내 피아노 연주를 듣고 나서 지금껏 모르고 살아온 자신만의 예술성과 감수성을 발견하고는 다음의 삶을 예술가의 삶으로 선택하는 고양이들이 무척 많아.

사실 고양이들은 모두가 예술가라고 할 수 있어. 나와 같은 음악가들뿐만 아니라 다른 삶을 경험하고 있는 고양이들도 모두 타고난 예술가야. 방법이 다를 뿐 우리는 언제나 우리 이야기를 하고 있어.

인간 세계의 인간들도 고양이와 함께 살아본 적이 있다면 잘 알 거야. 고양이의 매력에 한번 빠지면 벗어나기 쉽지 않고, 점점 더 깊이 빠져

들게 된다는 것을…. 이게 다 고양이들의 예술적인 표현 능력 때문이야.

언젠가 인간 세계의 인간들 모두가 고양이를 사랑하게 될 거라고 생각해. 고양이는 사랑하는 것을 좋아하고 사랑받는 것도 좋아해.

더 많은 인간이 고양이의 사랑을 느낄 수 있게 되기를….

그럼 안녕!

096
요리 평론가 고양이
Cook critic cat

안녕, 나는 고양이 세계에서 제일 활발히
활동하는 요리 평론가 고양이야.
특히 내가 나고 자란 지역의 전통음식인
김치에 대해서만큼은 고양이 세계의
최고 전문가라고 할 수 있지.

나는 고양이 세계에서 제일 활발히 활동하는 요리 평론가 고양이야. 특히 내가 나고 자란 지역의 전통음식인 김치에 대해서만큼은 고양이 세계의 최고 전문가라고 할 수 있지.

얼마 전부터는 고양이 세계 이곳저곳을 돌아다니며 김치 맛에 대해 연구를 하고 있어. 김치 요리로 유명한 레스토랑에 불시에 찾아가 김치 맛을 평가하곤 하는데 사실 요리 맛에 대해 점수를 매기는 것보다는 최대한 다양한 김치를 맛보는 것이 이번 여행의 목적이야.

나는 어려서부터 맛있는 음식을 먹는 걸 좋아했고, 그중에서도 특히 김치를 정말 좋아했어. 그리고 지금은 내가 좋아하는 그 맛을 지키는 일을 하고 있어. 이 일은 내가 가장 오랫동안 해오고 있는 일이야.

음식 맛을 본다는 것은 내 입안에서 일어나는 아주 작은 일이지만 정말로 훌륭한 음식을 맛보게 될 때면 그 어떤 충격적인 사건보다 크고 강

렬한 느낌을 받게 돼.

인간 세계 인간들도 바로 오늘, 지금, 마음을 가다듬고 제일 좋아하는 음식 한 가지를 먹어봐. 그리고 그 맛을 천천히 느껴봐. 늘 먹던 그 음식의 맛과 다른 맛을 느끼게 될지도 몰라.

그럼 안녕!

097
추리소설가 고양이
Mystery novelist cat

안녕, 나는 추리소설가 고양이야. 지금까지 100권의 추리소설을 완성했고, 대부분 베스트셀러가 되었어. 이야기를 쓴다는 것은 정말 매력적인 일이야. 나는 매일 똑같은 시간에 똑같은 장소에서 글을 써.

나는 추리소설가 고양이야. 처음에는 장르를 가리지 않고 다양한 소설들을 썼지만, 언젠가부터 오로지 추리소설만 쓰고 있어. 지금까지 100권의 추리소설을 완성했고, 대부분 베스트셀러가 되었어.

이야기를 쓴다는 것은 정말 매력적인 일이야. 몰입해서 글을 쓰다 보면 내가 쓰는 것이 아니라 어떤 다른 존재가 들려주는 이야기를 내가 받아 적고 있는 것처럼 느껴질 때가 있어. 그럴 때면 내가 쓰고 있는 소설인데도 어떤 결말을 쓰게 될지 나조차도 알 수 없는 거야.

나는 매일 똑같은 시간에 똑같은 장소에서 글을 써. 매일 같은 일을 반복하고 있지. 창조의 과정이란 그다지 특별할 것이 없어. 어느 날 갑자기 멋진 아이디어가 떠올라서 쓰는 것이 아니라 잘 써지든, 잘 안 써지든 매일매일 거르지 않고 똑같은 일을 반복하는 거야. 멈추지 않고 계속하면서 조금씩 쌓아나가는 것이 창조의 과정인 것 같아. 이런 과정이 지루하지 않으려면 내 안에 나만 들어갈 수 있는 나만의 세계를 만들고 온전히 그 안에서 살아야 해.

무언가 만들어내는 일은 무척 외롭고 힘들지만, 매우 가치 있는 일이야!
인간 세계의 인간들도 한 번쯤 마음의 소리에 귀 기울여보길 바래.
하고 싶은 말이 있을지도 몰라.

그럼 안녕!

098
경찰관 고양이
Policeman cat

안녕, 나는 경찰의 삶을 경험하고 있는
고양이야. 순찰차를 타고 마을 곳곳을 살피다
보면 도움이 필요한 고양이들을 만나게 돼.
한 마리의 고양이라도 도울 수 있다면
이 삶도 의미 있는 삶이라고 생각해.

나는 경찰의 삶을 경험하고 있는 고양이야.

사실 고양이 세계에는 인간 세계의 경찰 같은 존재가 필요하지는 않아. 고양이 세계의 고양이들은 모두 자기 자신을 완전히 책임지면서 살기 때문에 다른 고양이들에게 피해를 주는 일이 거의 없거든. 그렇지만 순찰차를 타고 마을 곳곳을 살피다 보면 도움이 필요한 고양이들을 만나게 돼. 한 마리의 고양이라도 도울 수 있다면 이 삶도 의미 있는 삶이라고 생각해.

우리는 우리의 기억과 경험들을 기초로 시간과 공간을 만들어내고 그 안에서 원하는 삶을 살아. 우리가 원하는 것이 무엇인지 알아내고, 우리의 마음을 움직이는 그 어떤 것을 찾으면 주저 없이 그 경험을 시작하지. 이렇게 살아도 정말 괜찮은 건지 고민하지 않고 일단 시작하고 보는 거야.

고양이 세계의 고양이들은 자신의 삶에 대해서 규칙을 만들거나 제한을 두지 않아. 어떤 개념이나 틀 안에 갇히지도 않지. 우리 자신에 대해애서 형상화하거나 규정짓지 않고 자연스럽게 흘러가도록 내버려 두는 거야. 이것이 고양이의 삶이야.

인간 세계의 인간들은 어떤 경험을 하면서 살고 있어? 언젠가 고양이의 삶과 인간의 삶에 대해 함께 이야기해 볼 수 있으면 좋겠어.

그럼 안녕.

099
곰인형을 만드는 고양이
Teddy bear maker cat

안녕, 나는 곰인형을 만드는 고양이야.
아주 오랫동안 곰인형 만들기 한 길만을
걷고 있어. 고양이 세계에는 나처럼 곰인형을
좋아하는 고양이들이 무척 많아.

나는 곰인형을 만드는 고양이야.

인간 세계에 머물 때 나는 곰인형을 무척이나 좋아했었어. 놀이를 할 때도 늘 곰인형들과 함께였고, 잠을 잘 때도 언제나 곰인형을 안고 잤어. 나와 함께 살았던 나의 인간도 내가 곰인형을 좋아한다는 것을 알고 곰인형을 정말 많이 사주었지. 곰인형들과 함께 평생을 포근하고 따뜻하고 행복하게 살았어.

고양이 세계로 돌아온 후 본격적으로 곰인형 만들기를 시작했지. 그 후로 아주 오랫동안 곰인형 만들기 한 길만을 걷고 있어. 그리고 어느샌가 고양이 세계에서 제일 솜씨 좋은 곰인형 만들기 장인이 되어 있었어!

고양이 세계에는 나처럼 곰인형을 좋아하는 고양이들이 무척 많아. 곰인형을 안고 있으면 그 포근함이 지친 마음에 큰 위로를 주지. 내가 인간 세계에서 곰인형들로부터 느꼈던 그 따뜻함을 다른 고양이들에게도 전해 주고 싶어.

그럼 안녕!

100
겨울의 여왕 고양이
Winter queen cat

안녕, 나는 겨울의 여왕 고양이야. 내가 만든
겨울은 인간 세계의 겨울과는 다르게 조금도
춥지 않아. 얼음이 얼고 눈이 오기도 하지만 전혀
춥지는 않아. 초록색 풀숲도 여전하고 단단한
얼음을 뚫고 새싹이 자라나기도 해.

나는 겨울의 여왕 고양이야.

내가 인간 세계에 살았을 때는 참 길고 추운 겨울을 밖에서 보내야만 했어. 유난히 혹독했던 그해 겨울은 견딜 수 없을 만큼 너무 추웠어. 이제 그만 고양이 세계로 돌아와야겠다고 마음먹었던 바로 그때 나의 인간을 만났어. 덕분에 오랫동안 인간 세계에서 머물 수 있었지.

그리고 인간 세계에서의 삶을 정리하고 고양이 세계로 돌아와 겨울의 여왕이 되었어.

내가 만든 겨울은 인간 세계의 겨울과는 다르게 조금도 춥지 않아. 얼음이 얼고 눈이 오기도 하지만 전혀 춥지는 않아. 초록색 풀숲도 여전하고 단단한 얼음을 뚫고 새싹이 자라나기도 해. 갖가지 꽃들이 흐드러지게 피어나고 나무들도 변함없이 열매를 맺지. 고양이 세계에도 정말 추운 지역들이 있지만 내가 다스리고 있는 이곳의 겨울은 조금도 춥지 않아.

인간 세계에 살고 있는 고양이들 모두 추위에 떠는 일 없이 좋은 인간을 만나 특별한 경험을 많이 해 보고 돌아올 수 있었으면 좋겠어.

고양이들은 자신이 가지고 있는 좋은 것들을 나누어 주기 위해 인간 세계에 방문해. 우리가 가진 것을 모두 다 나누어 주고 더 이상 나누어 줄 것이 없을 때 비로소 인간 세계에서의 삶을 정리하고 고양이 세계로 돌아오지.

고양이의 사랑을 나누어 받을 수 있는 인간들이 더 많아지기를.
더 많은 고양이가 인간 세계의 따뜻함을 경험해 볼 수 있기를.
인간들도 고양이들과 함께 더 행복한 삶을 살 수 있기를 바래.

그럼 안녕!

에필로그
Epilogue

<100마리 고양이>는 2013년 초부터 2016년 말까지 약 4년 동안 진행한 개인 프로젝트의 결과물입니다. SNS를 통해 약 1,300여 명의 고양이 반려인들로부터 신청서를 받아 그중 100마리의 고양이를 모델로 선정해 그림을 그렸습니다. 반려인분들이 적어주신 사연이나 고양이의 성격, 보내주신 사진 속 고양이의 모습을 보고 아이디어를 얻어 각각 고유한 캐릭터를 설정하고 이야기를 담았습니다.

2017년 초부터 늦여름까지는 그동안 그린 그림들을 더 보기 좋게 다듬고, 구상해 두었던 이야기를 썼습니다. 책을 만들기 위한 이런저런 작업까지 더하면 이 프로젝트를 모두 마무리하는 데에 약 5년의 시간이 걸린 셈입니다. 처음에는 이렇게 오랫동안 작업하게 되리라고는 생각하지 않았습니다. 정말 쉽게 생각하고 시작한 것이었어요. 그렇지만 일을 하면서 개인 작업을 꾸준히 한다는 것은 쉬운 일이 아니었습니다.

처음에는 의욕이 넘쳐서 일주일에 두 장씩도 그렸지만 얼마 지나지 않아 겨우겨우 2주일에 한 장을 그릴 때도 많아졌습니다. 어떨 땐 일이 너무 바빠서 한 달에 한 장 그리기도 어려웠지요. 절반 정도 작업했을 무렵에는 지루하다는 생각도 들고, 왠지 그려도 그려도 끝이 보이지 않는 것 같은 느낌이 들기도 했습니다.

그래도 그림을 그리는 동안에는 정말 재미있었기 때문에 그때부터는 100장이라는 분량에는 신경 쓰지 않고 '그냥' 그리기로 했습니다. 그랬더니 그림 한 장에 투자하는 시간도 길어지고 그림의 퀄리티도 점점 좋아졌습니다. '숙제'처럼 느껴지던 작업이 자연스럽게 하루를 마무리하는 일과가 되었고, 그렇게 한 장 한 장 완성해 무사히 100장을 마무리할 수 있었습니다.

<100마리 고양이>는 고양이 세계에 살고 있는 고양이들이 인간 세계에 살고 있는 인간들에게 들려주는 이야기입니다. 고양이 세계의 고양이들은 꼭 한 번 이상은 인간 세계에서의 삶을 경험한다고 합니다. 상상 속 이야기이지만 인간 세계에서의 삶을 마친 후에 그들의 세계로 돌아가 '가장 고양이답게' 잘 살고 있는 고양이들의 이야기가 오랫동안 반려하던 고양이와 이별한 분들이나 아픈 고양이를 돌보고 계신 분들, 혹은 고양이와의 이별을 앞둔 분들께 위로가 되었으면 합니다.

'우리 고양이는 뛰어다니는 걸 좋아했는데, 고양이 세계로 돌아가 달리기 선수가 되었을까?', '우리 고양이는 먹는 걸 참 좋아했는데 고양이 세계에서는 먹고 싶었던 것 마음껏 먹으면서 지내고 있을까?' 무지개다리를 건넌 고양이들이 여전히 행복한 삶을 살고 있는 장면들을 한 번쯤 상상해 볼 수 있었으면 합니다. '겨울의 여왕 고양이'의 이야기처럼 고양이의 사랑을 나누어 받을 수 있는 사람들이 더 많아지기를, 더 많은 고양이가

사람들의 따뜻함을 경험해 볼 수 있기를, 사람들의 삶도 고양이들과 함께 더 행복해지기를 바랍니다.

고양이 모델 신청서를 보내주신 분들의 고양이를 모두 다 그려드리지는 못했지만, 보내주신 사연들을 하나도 빠짐없이 읽고 많은 감동을 받았습니다. 이 프로젝트를 시작하고 반려인분들의 사연을 읽고 고양이 그림을 그리면서, 저 또한 고양이의 매력에 푹 빠져 지금은 고양이 두 마리를 반려하는 '고양이 집사'로 살고 있습니다. 전에는 진지하게 생각해 보지 못했던 유기동물이나 길고양이의 삶에 대해서도 깊이 생각해 볼 수 있는 기회이기도 했습니다. 이 프로젝트에 참여해 주시고, 관심 가져 주신 모든 분들께 감사드립니다.

2017년 10월 20일 금요일
언젠가 열매와 나무가
이 책을 읽을 수 있기를 바라며

100마리 고양이

지은이 이세문 | **초판 1쇄 인쇄** 2017년 10월 20일 | **초판 1쇄 발행** 2017년 11월 2일
발행처 이야기나무 | **발행인·편집인** 김상아 | **아트디렉터** 최고야 | **기획·편집** 박선정, 김정예
홍보·마케팅 한소라 | **디자인** 온나라, 한유리 | **인쇄** 중앙P&L | **등록번호** 제25100-2011-304호
등록일자 2011년 10월 20일 | **주소** 서울시 마포구 양화로 10길 50 마이빌딩 5층 (121-840)
전화 02. 3142. 0588 | **팩스** 02. 334. 1588 | **이메일** book@bombaram.net | **홈페이지** www.yiyaginamu.net
페이스북 www.facebook.com/yiyaginamu | **블로그** blog.naver.com/yiyaginamu
인스타그램 @yiyaginamu_ | **YellowID** @이야기나무

ISBN 979 11 85860 38 1
값 25,000원

이 도서의 국립중앙도서관 출판예정도서목록(CIP)은 서지정보유통지원시스템 홈페이지(http://seoji.nl.go.kr)와
국가자료공동목록시스템(http://www.nl.go.kr/kolisnet)에서 이용하실 수 있습니다.(CIP제어번호: CIP2017025620)

ⓒ이세문
이 책은 저작권법에 따라 보호받는 저작물이므로 무단전재와 무단복제를 금하며,
이 책 내용의 전부 또는 일부를 인용하려면 반드시 저작권자와 이야기나무의 서면동의를 받아야 합니다.
잘못된 책은 구입하신 곳에서 교환해 드립니다.

bombaram

스토리텔링 컴퍼니 봄바람은 세상의 모든
존재가 자기만의 이야기를 발견하고 행복하게
소통하며 즐겁게 성장하는 세상을 꿈꾸며
스토리텔링을 통해 좋은 경험을 창조하고,
세상을 의미 있고 재미있게 변화시키는
스토리텔링 전문 회사입니다.

www.bombaram.net

이야기나무

이야기나무는 봄바람의 출판 브랜드입니다.
이야기나무는 인간과 자연 그리고 브랜드가
더불어 나답게 성장하고 진화하는 이야기를
발굴해 책으로 만듭니다.

www.yiyaginamu.net

주인님, 어디 계세요?

햄햄 지음 | 72쪽 | 14,000원

주인님을 찾아 떠나는 강아지처럼 이 세상의
모든 생명이 행복을 찾아가기를. 그리고
결국에는 행복해지기를 진심으로 바란다.